社労士・弁護士の
労働トラブル解決物語
ストーリー

社会保険労務士
［著］堀下和紀

社会保険労務士
望月建吾

弁護士
渡邉直貴

弁護士
浅野英之

労働新聞社

はじめに

「労務管理の重要性をどうやったら多くの方に理解していただけるだろうか？」がこの本の出発点であり、その答えが今回はストーリー形式でした。

不倫、セクハラ、パワハラ、長時間労働、未払い残業……、こうした労働トラブルが訴訟などの思いもよらない事態に発展するケースがハラハラ・ドキドキのストーリー形式で展開していきます。

労務管理は、事件を解決しただけでは終わりません。今後、事件が起きないように、起きたとしても被害を最小限に食い止めるために、日ごろからやるべきことがあります。こうしたこともストーリー形式で分かりやすく理解していただけるはずです。

労務管理の事前法務や労働基準監督署への対応を数多く扱った社労士が事前法務のストーリーを執筆し、労働関係の訴訟を数多く扱った弁護士が訴訟のストーリーを執筆しています。社労士が何をすべきで、弁護士が何をすべきかをストーリー形式で語ります。

労務管理のコンプライアンスをどうにかしたい企業経営者、労務担当者、労働問題を専門にしたい社労士・弁護士にぜひ読んでいただきたい一冊です。

「労働トラブルが起こるとこういったことになるんだ!?」、「へぇー、大変なことになるんだぁ！」、「だったら普段からちゃんとしておこう！」そう思っていただけたら、筆者としてこの上ない喜びです。

2019 年 7 月吉日

社会保険労務士　堀下　和紀
社会保険労務士　望月　建吾
弁護士　渡邉　直貴
弁護士　浅野　英之

― 目 次 ―

人物紹介　矢部　大輔（やべ・だいすけ）社会保険労務士

ヴィクトワール社会保険労務士事務所の代表者。大学は商学部を卒業。公認会計士の大学別合格者数首位の大学のため、自らも合格すると錯覚し、在学中公認会計士を受験するも不合格。

バブル崩壊直後に就職活動。財閥系金融機関に就職。大手メーカーの経営企画室長としてヘッドハンティングされ、M&A、事業再編などを指揮。外資系コンサルティング会社と共同で行った人事制度構築においてプロジェクトマネージャーとして尽力。人事・労務のダイナミズムに魅了され、社会保険労務士として独立。

社会保険労務士業務は、王道を目指すこととし、総合的な社会保険労務士事務所を経営している。地域の産業振興に人事労務を通して貢献することこそが自らの使命と考えている。社会保険の手続き、給与計算のアウトソーシングなどの業務をクラウドシステムなどの最新のテクノロジーを駆使し、サービス提供し、全国有数のスタッフ数、クライアント数の社会保険労務士事務所である。

自身は、労働に関する難易度の高い問題を、弁護士、公認会計士、税理士、司法書士といった他士業などとコラボレーションしながら解決していことを得意とする。「うちで無理だったら諦めてください。ちなみに、今まで無理といったことはありませんけどね」が口癖。ヴィクトワールとは、フランス語でビクトリー、勝利の意である。

人物紹介　江戸　桃太郎（えど・ももたろう）社会保険労務士

あるウィークデイの午前7時。社会保険労務士法人大江戸セントラル事務所の朝は早い。私は、同法人の勤務社労士であり、代表社員・江戸桃太郎の秘書の東銀座杏南（ひがしぎんざ・あんな）。

ちょうど今、江戸先生好みの濃い玉露を淹れているところだ。一方、江戸先生はと言うと、朝一のメールチェックと返信を全て済ませて、今は社長室の畳スペースで日課の座禅を組んでいる。

当法人は、東京丸の内に事務所を構えている都内でも指折りの大規模社労士事務所。スタッフの半数が社員あるいは勤務社労士だ。当法人の顧客は、上場企業や外資系企業、従業員数300名を超える中堅規模以上の企業が中心だが、最近は働き方改革支援のニーズから従業員数2桁台上位クラスの中小企業の顧問先もどんどん増加している状況である。

代表社員である江戸桃太郎は、労働トラブルの解決策の中でも、事前法務的対応やコンサルスキーム活用を得意とする社労士だ。人呼んで「事前法務の鬼」。

なんでも、江戸幕府の剣術師範役まで務めた歴史上の偉人の旗本の子孫なのだとか。彼自身も、小学生時代から全国レベルの剣道選手で大学まで一貫してスポーツ推薦。大学時代は強豪・中心大学剣道部を主将として率いていた。ちなみに、剣道の腕前は錬士六段。古風かつ硬派な日本男児。

中心大学法学部を卒業後は外資系戦略コンサル会社に就職して20代中盤で世界最年少マネージャー、その後外資系証券会社にヘッドハンティングされて人事部門や経営戦略部門の管理職や役員を経てこの事務所を開く。曲がったことが大嫌いで、時には一部上場企業のオーナー社長にも厭わず諫言することもある。実務の傍ら、講演やTV出演、出版などメディア出演も引っ張りだこで全国を飛び回っている。

人物紹介　本山　守（もとやま・まもる）弁護士

弁護士法人本山総合法律事務所の本山守は、労働問題に強く、その中でも特に、「会社側（使用者側）」の労働事件を中心的に取り扱う弁護士である。

弁護士の中には、離婚、相続、刑事事件など、数多くの取扱い分野を持ち、多くの弁護士を抱える事務所もあるが、本山守は職人肌で、会社側（使用者側）の労働事件だけを40年間に渡って取り扱ってきたベテラン弁護士だ。

事務所には数名の勤務弁護士と数名の事務員がいるが、都内で企業法務を取り扱う事務所の中では小規模なほうかもしれない。しかし、本山弁護士の丁寧な仕事ぶりには定評があり、その実力のほどは、顧問先企業の多さが物語っている。

労働問題とひとことでいっても、労働審判・訴訟といった紛争から、団体交渉などの集団的労使問題、人事労務制度の構築など、様々な弁護士業務がある。本山弁護士は、企業側の立場で多くの労働問題を手掛けてきた豊富な実務経験と、蓄積したノウハウを武器に、多くの顧客からの信頼を獲得している。

本山弁護士の事務所では、事務所方針として労働者側の労働事件を取り扱っていない。顧問先企業が多すぎるため、労働者側の労働事件を受けてしまうと、顧問先企業に勤務する労働者からの法律相談が来てしまいかねないからだ。もちろん、本山弁護士が顧問弁護士として人事労務分野のリーガルチェックを担当している時点で、顧問先企業に、労働問題について不備があるということはあり得ないのだが。

労働者側の労働事件を取り扱わないからといって、本山弁護士が、顧問先企業の社長に甘い顔ばかりしているかというと、実際はそうでもない。本山弁護士の指摘は、顧問先企業のことを思うがあまりに、労働法上違法な取り扱いについてはとても厳しく、社長にとって耳の痛い話も容赦なくする。「労使のバランスのとれた人事労務問題の解決」が、本山弁護士のポリシーだ。

人物紹介　大川　啓馬（おおかわ・けいま）弁護士

けいま法律事務所の大川啓馬は、在学中に司法試験予備試験に一発で合格し、23歳の若さで弁護士になった。

司法修習生の時代に、弁護修習の修習担当が本山守弁護士であり、その丁寧な仕事ぶり、職人気質、顧問先企業にも迎合せずに正しい労務管理を臆することなく語る姿に共感を覚え、修習終了に伴い、本山守弁護士に懇願して、弁護士法人本山総合法律事務所の勤務弁護士となった。

大川啓馬は、その勤務弁護士時代、本山守弁護士を師匠とあがめて、他のどの勤務弁護士よりも、本山守弁護士の考え方、事件処理方法、言動、弁護士哲学に触れ、その都度細かくメモをし、彼の手帳はさながら「本山守語録」である。

５年間、弁護士法人本山総合法律事務所で修行した後、長年の夢の独立を果たし、28歳で「けいま法律事務所」を立ち上げた。

師匠の本山守弁護士と同様に、会社側（使用者側）の労働事件だけを取り扱い、労働審判・訴訟といった紛争から、団体交渉などの集団的労使問題、人事労務制度の構築などに特化している。また、顧問先企業に対する姿勢も、師匠の本山守弁護士と同様、社長にとって耳の痛い話も容赦なくすることをモットーとしており、口癖は「良薬は口に苦し」である。

大川啓馬は、現在30歳の若手弁護士。その若さからフットワークの軽さを売りにする一方、顧問先企業からは、「30歳には見えない落ち着きぶり」「冷静かつ大胆な方針はベテラン弁護士ばりである」などと評価されており、師匠の本山守弁護士に負けじと、年々顧問先企業を増やしている。

（お断り）

本書の事例は、特定の会社を想定したものではありません。また、法的な結論は、個別具体的な事案の詳細に応じ、容易に変わり得るものであり、類似の事案で必ず本書と同一の結論となるものを保証するものではありません。本書の回答を利用されたことによって生じた結果については、筆者ら及び出版社は、一切の責任を負いかねますことをご理解ください。

1．不倫を理由とする解雇　訴訟

～社内不倫をしている従業員を解雇できる？　不倫はセクハラ扱いしてもよいのか？

池々槍男（いけいけ・やりお）社長は、若手IT起業家だ。若手IT起業家というと、羽振りのよいギラついたルックスを想像するかもしれないが、池々社長はまさに、漫画でしか見ないような典型的な「成金IT社長」。池々社長の経営する株式会社DonDonも、池々社長の勢いを反映した典型的なベンチャー・スタートアップ企業である。

本日、弁護士法人本山総合法律事務所を訪問した池々社長の相談内容は、そんなベンチャー・スタートアップ企業の若手社員にありがちな色恋沙汰のようだ。

池々社長　先生、うちの課長の沢利泰造（さわり・たいぞう）が、アルバイト社員の吹上に手を出しているようなのです。

本山弁護士　それは、セクハラということですか？

池々社長　いえ、「セクハラ」といってよいのかどうか、私には判断がつかないので、どうしたらよいかと思って先生に相談した次第です。というのも、アルバイト社員の吹上も、沢利課長のことを悪く思っていないようで、終業後に沢利課長の誘いに応じて食事に行ったり、休日は一緒にゴルフに行ったりしているようなのです。

とはいえ、吹上は実はまだ高校生でして、本気で好きというよりは、仕事をバリバリこなす社会人へのあこがれ、といった感じなのではないかと思います。

本山弁護士　社内恋愛ということでしょうか？

もし、社内恋愛を禁止したいのであれば、注意深く進めていく必要がありますよ。就業規則、雇用契約書など、雇用契約の内容として「社内恋愛禁止」を明記する必要があります。その上で、懲戒処分にするのであれば、社内恋愛をした従業員を懲戒処分にする客観的に合理的な理由と、その懲戒処分が社会通念上相当といえる程度であることが必要とされています。

池々社長　社内恋愛などというかわいいものであれば、私もそこまで焦らないのですが。不倫なんですよ。おそらく、肉体関係もあるのではないでしょうか。

沢利課長には、入社当時から奥さんがいまして。古株の社員なので、私も何度か奥さんとお会いしたこともあります。

奥さんを知っているだけに、この不倫をこのまま放置しておいてよいものか、心苦しい思いもありますし、万が一奥さんに不倫が発覚してしまったら、会社や私の責任も問われてしまうのではないかとビクビクしています。ただでさえ、最近はニュースやワイドショーでも、芸能人の不倫騒動が取り沙汰されています。

当社はいわゆるIT系のベンチャー・スタートアップ企業で、社員の平均年齢も20代ですから、恋愛が仕事の励みになるのならという思いもないわけではないですが、やはり不倫は問題です。

本山弁護士　それは大変ですね。今回のご相談は、単に労働問題というだけではなく、様々な問題が絡み合っている可能性があります。まずは、リスクを書き出しながら整理していきましょう。

そういうと、本山弁護士はホワイトボードに何やら書き始めた。

① 女性従業員が、上司の立場を利用して無理やり肉体関係を迫られた、と主張したら？

② 女性従業員が、飲酒を無理やり強要された、と主張したら？

③ 女性従業員が拒否しても、しつこく付きまとったり、LINEを送り続けたりしたら？

④ 女性従業員が18歳未満で、肉体関係を結んでしまったら？

本山弁護士　不倫問題は、最近ニュースなどでもよく話題になっていますので、

「奥さんにバレたら慰謝料請求される」ことは池々社長もご存じでしょう。しかし、会社内で起こる不倫問題のリスクは、それだけではありません。

ここに書き出したように、もっと大変なことになる危険性もありますよ。たとえば、①、②の例では、セクハラ問題となって、直接の加害者である課長はもちろんのこと、会社もしっかり監督をして安全に配慮しなかった責任（安全配慮義務違反）を負って、損害賠償請求を受ける可能性があります。③、④の例では、さらにそれに加えて、③はストーカー規制法、④は青少年保護育成条例といった法令に違反して、直接の加害者である沢利課長が刑事罰に問われる危険があります。

池々社長 なるほど。それは大変です。しかし、現段階では、吹上も沢利課長と社内で楽しそうに話しています。ことを荒立てるメリットがあるのかどうか、私には判断ができません。

本山弁護士 このまま放置しておいては、さきほど説明したリスクがいつ顕在化してもおかしくありません。今は楽しそうに話していたとしても、突然気持ちが変わる場合もあり、そのとき何も対応していないと、会社も不利益を被るおそれもあります。

まずは、沢利課長を呼び出して、言い分を聞きましょう。私も同席して、一緒にお話を聞きます。

池々社長 承知しました。沢利課長にも今すぐ来てもらいます。

本山弁護士 いえ、それはどうでしょうか。

沢利課長の今回の行為について、池々社長はどのようにお考えですか？ 沢利課長が全く悪いところがないのに、あらぬ疑いを掛けられているのであれば、一緒に私の事務所で対策を練るのもよいですが、この先、沢利課長の不倫によって会社にも不利益があるのであれば、沢利課長への処分も考えなければならないかもしれません。

ここは、私が御社に出向きますので、御社の会議室で面談をしましょう。

池々社長 すみません、何分まだスタートアップの小さな会社ですので、社内の会議室ですと、他の社員にも今回のことが知れてしまうこととなりかねません。できれば会社近くの喫茶店でお願いできないでしょうか。

本山弁護士は早速、池々社長に連絡をしてもらい、沢利課長にも出てきてもらって、会社近くの喫茶店内の個室で面談を行った。

本山弁護士　沢利さん、はじめまして、弁護士の本山です。さて、突然お呼び立てしてしまいましたので驚いているかもしれませんが、今日のお話は、吹上さんのことです。最近、沢利さんは、吹上さんと仲良くされているそうですね。
沢利課長　そ…そうですね。たまに一緒に食事をしたりすることはありますね。
本山弁護士　申し上げづらいのですが、沢利さんは、課長職ですよね。以前に私が行った管理職研修でも、セクハラの重大性をお話しましたが覚えていますでしょうか。セクハラが、どれほど会社に迷惑をかけることになるか、軽く見ていた行為がセクハラだと認定された裁判例が多くあるといったお話ですが。
吹上さんとのご関係で、セクハラとなってしまったり、沢利さんにはその気がなくてもセクハラだと訴えられてしまったりするようなことはありませんか？
沢利課長　その辺は十分理解していますよ。全くありません。
本山弁護士　そうですか、そうであればよいのですが。くれぐれも申し上げておきますが、沢利さんがそう思っていなくても、吹上さんにとってはセクハラだと感じていることもあるかもしれません。特に、吹上さんはまだ高校生のアルバイト社員ですから、「自由恋愛」では片付かないこともあります。
沢利課長　当然です。話がそれだけであれば、失礼してよろしいでしょうか。業務がまだ残っていますので。

そう言い残して、沢利課長は颯爽と立ち去った。後に残された池々社長は、この話し合いで抜本的な解決が図れると思っていたのか、不満げな様子だ。

池々社長　先生、もっとガツンと言っていただかないと、沢利課長が調子に乗りますよ。以前、持ち帰り残業をしていた社員が残業代請求をしてきたとき、先生も「指摘をしないのは、黙認と同じだ」と厳しく指導してくれたではないですか。私はすぐにでも沢利課長を懲戒解雇にしたいとすら思っていますよ。
本山弁護士　残念ながら、「不倫＝即解雇」かというと難しいです。今回のケースでは、吹上さんが18歳未満なので、肉体関係があったことが証明できれば話は違ってきますが、沢利課長自身、不適切な関係にあったことを否定していました。

「双方納得して、食事に行っていただけだ」と開き直られてしまうと、拙速な懲戒解雇は「不当解雇」として、逆に会社の責任を問われかねません。まずは、慎重に調査して進めなければなりません。懲戒解雇は、普通解雇よりも重い処分であって、会社が労働者に対して下す最も重い処分ですから、軽率には行えません。

池々社長　おっしゃることは分かりました。しかし、社内でも、沢利課長と吹上さんの関係は噂になっています。どのような状況になったら沢利課長をクビにしてよいのですか？

本山弁護士　「このようなケースであれば、懲戒解雇をしても大丈夫」という保証は致しません。ただ、事前調査をした結果、18歳未満である吹上さんと肉体関係を持っていたことが明らかになった場合や、沢利課長が上司の立場を利用して無理やり食事に誘ったり、休日の相手をさせていたりといった事情が明らかになった場合には、懲戒解雇を検討する段階に進めることもあるでしょう。

しかし、その後事態は急変。土日を挟んで週明けの月曜朝、池々社長が血相を変えて、本山弁護士の事務所に飛び込んできた。

池々社長　本山先生、大変です。今朝、吹上さんのご両親が突然会社にお越しになり、「娘を傷物にしてくれて、どういうつもりだ」、「会社としてどう責任とるんだ」と言ってきました。その場はなんとかなだめて、後日回答することとしてお帰りいただきましたが。大変なことになりました。

本山弁護士　吹上さんのご両親は、吹上さんから職場の悩みをお聞きになったのかもしれませんね。吹上さん側の意見を鵜呑みにするわけにはいきませんが、社員間でも噂になっているようでもありますので、吹上さん自身にもお話を聞かなければなりません。下手に刺激しないようにしなければなりませんので、ヒアリングは、当事務所にお任せください。

その後、本山弁護士が吹上さんにヒアリングをしたところ、社員間の噂がほとんど真実であるということであった。食事やデートはもちろん、「制服プレイ最高だね！もっとペロペロしたかったよー！」、「パパ役になってあげるから継続でお願いしたいな。お小遣い、ほしいでしょ？」など、不適切なLINEも多く提出された。

その後池々社長が沢利課長の懲戒解雇に踏み切ったところ、沢利課長の代理人を名乗る弁護士から、労働審判の申立てを受けることとなった。

労働審判第1回目期日の当日は、沢利課長は、食事に行ったことやLINEを送ったことは認めたが、肉体関係は否定し、あくまでも仲の良い上司部下の関係に過ぎないと主張した。18歳未満の高校生である吹上さんとの肉体関係が明らかになれば、刑事事件化する可能性もあり、解雇も有効との判断に傾くことから、弁護士の指導をしっかり受けているのだろう。

本山弁護士　労働審判当日の当事者の発言は、証拠として重要視されます。沢利課長が否定していることもまた、労働審判委員会の判断要素の一つとして考慮されます。

池々社長　とはいえ「制服プレイ」って、他にどのような状況が想像されるのですかね。肉体関係があったとしか思えないですが。

本山弁護士　直接、肉体関係があったことを明記しているかというと、微妙なところですね。ただ、沢利課長にとっては厳しい判断が下ると思いますよ。

案の定、労働審判の第2回目では、労働審判委員会から「解雇は有効」との心証が伝えられた。沢利課長側は、労働審判による判断を下してもらい争う構えだ。結果、第2回期日中に労働審判による最終判断が下され、沢利課長側は即日、異議申立てを行った。

本山弁護士　労働審判は、「労働審判」という労働審判委員会による最終判断が下った後、労使のいずれかが、この最終判断に不服があるという場合には、「異議申立て」という手続きを労働審判書面の送達を受けた日もしくは労働審判の口頭告知を受けた日から２週間以内に行うと、自動的に訴訟に移行することになっています。もう少し詳しくいうと、労働審判を申し立てた時点で、訴訟を提起していたものとみなされます。

池々社長　いずれにせよ、１回勝ったと思ったのに、まだ争わなければならないわけですね。なんとしても沢利課長をぎゃふんと言わせたいです。悪いのは彼なのですから。

　そういえば、当社のほうに「被告」とありましたね。悪いことをしたのは彼のほうなのに。

本山弁護士　民事訴訟では、訴えた側を「原告」、訴えられた側を「被告」といいます。刑事事件のとき、刑事訴追を受ける人のことを「被告人」といいますから勘違いしやすいですが、民事訴訟では、原告、被告のどちらが悪者だという意味はありません。

池々社長　それは安心しました。

本山弁護士　解雇時のご相談でも申し上げたとおり、「不倫＝即解雇」とはいえず、不倫が企業秩序を乱す等、会社の秩序に影響を与える場合でなければ、解雇は困難です。

　しかし、今回のケースでは、単なる不倫関係ではなく、被害者となった吹上さんは18歳未満であり、肉体関係を持てば刑事責任を問われます。既に社員間でも噂になっており、吹上さんの親にも発覚していますから、このままでは会社の社会的地位、名誉、信用を侵害することが明らかです。解雇は英断でしたから、もう少し頑張っていきましょう。

　もし、沢利課長の問題点を明らかにする証拠があれば、どのようなものでも結構ですので継続して調査してください。

池々社長　実は、その後の調査の結果、分かったことがありまして。沢利課長の問題点は、不倫だけではないのではなかったのです。これを見てください。

　そう言って池々社長が取り出したのは、沢利課長の日報と経費精算書であった。

池々社長　沢利課長は、日報によると○月○日、取引先と接待の会食をしていることになっていて、その際の食事代の領収書も提出し、経費精算をしています。しかし、この会社との取引関係は半年ほど前から一切なく、相手先にも確認したところ、その日に接待を受けた事実もないということでした。

しかも、食事の後、同日付のカラオケ店の領収書も提出されています。ちょうどその日の翌日が、以前吹上さんから提出されたLINEの送られてきた日と同じ日なんですよ。

本山弁護士　いろいろと分かってきましたね。本当は全て調査した上で、この全ての事情を解雇理由として懲戒解雇をしたほうが、さらに解雇有効と認められやすかったのではないかという面はあります。特に、懲戒解雇は「行為に対する罰」という側面があるため、後から解雇理由を付け足しすることは、原則として難しいとされているからです。

とはいえ、当時は吹上さんの両親からも責任追及を受けかねない状況であり、沢利課長の不適切行為の事実も相当部分、証拠によって明らかになっていましたから、懲戒解雇をするという判断は決して間違いではありません。

今回の訴訟では、事後の調査によって明らかになった経費の使い込みの事実も、沢利課長の不適切な不倫行為をさらに悪質であると評価する情状として、追加して主張していきましょう。

訴訟における審理は進んでいき、書面による主張整理、証拠提出が終わり、証人尋問前に、和解期日が設けられた。和解期日は、弁護士同士が交互に呼ばれて、裁判官と対面で話し合いながら進めていくのが一般的である。

今回は、裁判官からの「次回は重要な和解の話なので、ぜひ当事者にも来てほしい」との伝達事項に従い、会社側では池々社長、労働者側では沢利元課長が、弁護士に同伴されて出廷していた。

裁判官　沢利さんも反省はしているようです。ここだけの話、「これまでモテた経験がなく、アルバイトにちやほやされてつい調子にのってしまった」と言っていましたよ。

裁判所としても、不倫の事実が十分に認定できる証拠がそろっていること、被害者が18歳未満であったこと、さらに経費流用の事実もあることなどからしても、沢利さんには厳しい判断をせざるを得ないと考えています。

ただ一方で、懲戒解雇はとても厳しい処分ですから、沢利さんとしても、是が非でも争わなければならないという気持ちになってしまっています。会社としては本意ではないでしょうが、私が会社勝訴の判決を書いたとして、沢利さんは控訴して高等裁判所での戦いを望むかもしれませんね。

自主退職扱いとしてもらえるのであれば、そのほかには何も望まないということでしたが、いかがですか？

池々社長　…いかがですか、と言われましても。どうしたらいいですか？　先生。

本山弁護士　この場では決めかねますので、一旦退室して池々社長と相談をしてもよろしいですか。

一旦退室し、裁判所の廊下にて…。

本山弁護士　その場で即答しなかったのは良い判断です。今後も、和解の話し合い中であっても、もし分からないことや、裁判官には聞かれたくないことは、私にこっそり相談してください。

さて、先ほどの裁判官のお話ですが、懲戒解雇を撤回して、解雇日と同日付で自主退職とする、という和解内容は、よくあることです。悪質な行為をはたらいた人を許すようで気持ち悪いかもしれませんが、決して、裁判所がこちらに不利な判断をしたとか、行った行為を許すといった意味を持つものではありません。

池々社長　しかし、当社には退職金規程があって、沢利課長は、社員の中でも古株ですから、退職金もそれなりに金額になる可能性があります。正確には分かりませんが、300万円を超えるかもしれません。「盗人に追い銭」とは、まさにこのことです。

本山弁護士　沢利課長としては、懲戒解雇の撤回が最優先です。裁判官いわく「自主退職扱いとしてもらえるのであれば、そのほかには何も望まない」ということですから、退職金を放棄してもらうことが条件であると伝え、交渉を続けましょう。

池々社長　不倫問題で裁判沙汰になったと知られたら、このご時世、当社も叩かれるかもしれません。上場も視野に入れていますので、守秘義務条項も必ず入れてもらえるよう交渉してください。

本山弁護士　承知しました。判決となると公開されますから、守秘義務条項を入れて秘密を守らせることができるのも、和解をするメリットになりますね。

和解調書

1　被告は、原告に対し、被告が○年○月○日付で原告に対して行った懲戒解雇の意思表示を撤回し、原告と被告は、同日付で原告が被告を自己都合により合意退職したことを相互に確認する。

2　被告は、原告に対する退職金請求権を放棄する。

3　原告と被告は、本件紛争の経緯及び本和解調書の内容を、正当な理由なく第三者に口外しないことを相互に確約する。

4　原告は、本件訴訟に係るその余の請求を放棄する。

5　原告及び被告は、原告と被告との間に、本和解調書に定めるほか、何らの債権債務がないことを相互に確認する。

6　訴訟費用は、各自の負担とする。

以上

本山弁護士　これで和解成立です。訴訟上の和解は、確定判決と同一の効力があります。

池々社長　先生のおかげです。若い社員に勢いがあるのはいいことですが、今後は性欲の少ない草食系社員も大切にしたいと思います（笑）。

2．パワハラ　あっせん

～退職者からパワハラの訴え!!　キック１発300万円!?　労働局のあっせんに参加すべきか否か？

黒木社長　先生、すみません。うちの息子がやらかしまして…。こんな文書が来てるんですよ…。
矢部社労士　「あっせん」の申し立てですね。拝見しますね。

黒木フーズ株式会社
代表取締役　黒木　一郎　殿

○○紛争調整委員会
会長　○○○○

あっせん開始通知書

申請人駄目太夫から○年○月○日に申請があった、あなたとの間の紛争のあっせんについて、個別労働関係紛争の解決の促進に関する法律第５条第１項の規定に基づき、○○労働局長の委任を受けて、下記のとおり開始することとしたので、個別労働紛争の解決に関する法律施行規則第６条第２項の規定に基づき、通知します。

あっせん申請書	
あっせんを求める事項及びその理由	①　取締役黒木次郎から一時期、１時間ごとに業務の報告をするよう指示された。これはパワハラである。 ②「他人は10仕事できるのに、君は１しか仕事ができない」「とろい」「のろい」「ボケ」「バカじゃないの」「気持ち悪い」「君がここにいる意味はない」と言われた。 ③　私がミスをした際に、取締役黒木次郎は、罵声を浴びせ、私の足を蹴った。 ④　友人との飲み会があるので、定時退社をお願いしたが、忙しいとのことで残業を指示された。いつもより多くの仕事を指示された。 ⑤　私は、クビを言い渡された。精神的な損害に対する賠償金として300万円の支払いを求める。
紛争の経過	現在は、あっせんを求める内容について会社側との話し合いをしていない。
その他参考となる事項	訴訟は提起しておらず、他の救済機関も利用していない。

黒木フーズ株式会社は、社長の黒木一郎が創業し、20店舗を展開する飲食店グループである。息子である黒木次郎は、大学卒業後、米国企業に就職し、３年前に黒木フーズ株式会社に入社した。黒木次郎が矢継ぎ早に改革を行った結果、業績は急拡大し、彼は、現在、取締役営業本部長の職にある。

矢部社労士　蹴ったんですね？

黒木社長　蹴ったらしいのです。

矢部社労士　暴力はいけません。息子さんにはパワハラ教育をやりなおさなければいけませんね。後継者教育は問題解決してから行うとして、今は対応策を決めましょう。

黒木社長は、今日は冷静な判断を行うために1人で事務所を訪れていたが、後日、必ず息子を連れてこようと固く心に誓った。

黒木社長　分かりました。ぜひ、よろしくお願いいたします。

矢部社労士は、「あっせん申請書」に書かれた「あっせんを求める事項」について確認を始めた。

矢部社労士　事実について、1つひとつお伺いします。まず、①はどうですか？
黒木社長　一時期、社員の駄目太夫（だめ・だゆう）に会社の携帯を持たせて、外回りをさせた時期がありました。1週間ほどです。彼はサボり癖がありました。他の社員が、駄目太夫がパチンコ屋でサボっているところを発見しました。道端でタバコを吸っているのを何度も見たそうです。
矢部社労士　それで、報告を頻繁に求めたということですね。サボりについての注意は、口頭ですか？　文書での注意はありますか？
黒木社長　口頭です。口頭では何度も注意していました。文書で注意したことはありませんでした。
矢部社労士　なるほど。これは、パワハラではなく、正当な注意、指導でしょう。ただ、1時間ごとの報告要求はやり過ぎです。

次に矢部社労士は、息子の黒木次郎の言葉の使い方について確認を行った。

矢部社労士　では、②についてはどうでしょう？
黒木社長　息子に聞きました。はっきりと覚えていないようですが、「言ったかも？」と言っていました。
矢部社労士　なるほど。息子さん、まだ30歳なったばかりで仕方ないかもしれませんが、自分の言葉には責任持たなくてはいけません。息子さんへのご指導は、解決後、みっちりやりましょう。

黒木社長　すみません。親ばかかもしれませんが、息子がかなり業績伸ばしてくれたんです。アメリカ流でやり過ぎたんでしょうね。

矢部社労士　それは違います。アメリカは日本以上にハラスメントにうるさいです。内容は正当なことを言っていても、言い方次第でハラスメントと受け取られます。

黒木社長　なかなか、その区別が難しいんです。

矢部社労士　「注意・指導」は良いのです。でも人格否定はいけません。

黒木社長　なるほど。

矢部社労士　「他人は10仕事できるのに、君は1しか仕事ができない」は、良いのです。ただし、本当に他の人が1時間で終わる仕事を10時間もかかるのですか？

黒木社長　これは本当です。店のチラシを作らせると、他の社員は数時間で作るのですが、彼は何日もぼーっとパソコンの前に地蔵のように座っているのです。

矢部社労士　なるほど。まあ、いいでしょう。「とろい」、「のろい」は、事実なのでしょうが、言い方を注意する必要はあります。「遅い」と言いかえれば良いのです。

黒木社長　そうですね。息子の言い方がいけないんですね。

矢部社労士　「ボケ」、「バカじゃないの」、「気持ち悪い」、「君がここにいる意味はない」、これはだめですね。社長もお分かりでしょう？

黒木社長　確かに。文書にすると、だめなのはよく分かりますね。

今度は、最も問題の「蹴った事実」についての確認を行った。

矢部社労士　③はどうですか？

黒木社長　確かに、蹴ったらしいです。

矢部社労士は、事務所のスタッフ２人を呼んで実演して見せた。２人が並んで、１人がもう１人のふくらはぎのあたりを後ろから軽く蹴ってみせた。

黒木社長　そんな感じです。そんなに強くなかったみたいです。
矢部社労士　その時の状況はどうだったんですか？
黒木社長　それが、ひどかったみたいなんです。当時、ホール担当をしていた駄目太夫が運んでいたお茶をこぼして、お客様のスカートにかけてしまったんです。店長がすぐ駆けつけ「お代はいりません。クリーニング代も出します」と平身低頭謝りました。お客様は怒っていらっしゃいませんでした。
　ところが、駄目太夫が「めんどくさ！」って言ったんです。その一言にお客様は激高されて…。
矢部社労士　なるほど。
黒木社長　結局、店長では対応できなくなって本部長、うちの息子が駆けつけて、その場をどうにかしのいだのです。
矢部社労士　ひどいですね。
黒木社長　そのあと、息子が彼に説教したみたいですが、暖簾に腕押しって状況だったようです。それで、つい、手が出た、いや、足が出たというわけです。
矢部社労士　そうですか。完全な問題社員ですね。でも「会社の負け」です。
黒木社長　ですよね。
矢部社労士　ところで申請書に罵声とありますが、どんなことですか？
黒木社長　あー、そこはちゃんと聞けていなかったのですが、だいぶ我慢はしていたそうです。ですが、つい声が大きくなってしまったのではないでしょうか。

　黒木社長は熱くなり、駄目太夫がいかに問題社員であるか熱を入れて語った。それでも、矢部社労士は顔色一つ変えることなく、冷静に「会社の負け」と言い放った。

矢部社労士　④はどうでしょう？
黒木社長　聞いたら、飲み会といっても、いつでも会える友人との飲み会だったらしいです。その日は、大口の予約が入っていて、他の店舗からも応援をお願いしていて、どうにもこうにもできないような日だったようです。なのに、彼は他人事みたいな感じだったらしいです。

矢部社労士　これは、パワハラではありません。狙い撃ちしているならまだしも、みんなで協力しなきゃいけない日だったわけですよね。

黒木社長　そうなんですよ。

矢部社労士　「クビ」って言ったのですか？

黒木社長　とんでもない。これは、先生の教えに従って、「絶対にクビっていうな」、「クビって言いたくなったら先生に相談するように」と息子に何度も言っていましたから。

矢部社労士　なるほど。では、「退職届」はありますか？

黒木社長　はい。このとおりです。

黒木社長は「退職届」を取り出し、矢部社労士に見せた。確かに退職届には「一身上の都合により退職する」と記載されていた。

矢部社労士は、事実についてのヒアリングを終えた。

矢部社労士　結論から言いましょう。これは、労働局の「あっせん」を受けるべきです。

黒木社長　「300万円払え」ってことですか？

矢部社労士　いいえ。それとこれとは別です。「３億円請求」されて「あっせん」に応じたら「３億円払う」ってことはあり得ませんよね。金額は話し合いで決めていきます。

黒木社長　うーん、でも、盗人みたいなやつにお金払うのはなあ…。

矢部社労士　盗人？

黒木社長　あー、いやいや、言い忘れていましたけど、どうも駄目太夫は店の売上からお金を抜いたり、店の商品や備品を持ち帰っていたらしいのです。この辺も息子が問い詰めていたみたいなのですけど…。数十万、いや、100万円を超えているかもしれません。

矢部社労士　「証拠」ってあります？

黒木社長　それが、私の経営がどんぶりでして…。その辺、息子に文句言われているのですよ。

矢部社労士　「証拠がない」ってことですね。
黒木社長　そうなんです。でも、社員もみんな「ぜったいあいつだ！」って言っているんです。
矢部社労士　でも、「証拠」はないんですよね。ところで、「監視カメラ」って設置してありますか？
黒木社長　「監視カメラ」はありません。社員を信用しきってましたから…。
矢部社労士　分かりました。「横領」、「横流し」のお金を回収するのは難しいです。ただし、この点については「あっせん」で言及しましょう。

黒木社長は、矢部社労士の端的で明快なアドバイスに、当初の暗い表情から明るさを取り戻していた。

黒木社長　先生、これって裁判なんですか？
矢部社労士　「あっせん」は、裁判とは違います。一発勝負の話し合いの場です。会社と、従業員や元従業員でトラブルがあった場合、あっせん委員という仲裁役が入って、だいたい２時間で１枚の合意文書を書きあげて、お互いが署名、押印して終わりです。一般的には、「会社が解決金を払う」ことを約束したら「これ以上裁判などしない」ことを約束します。
黒木社長　０円で解決ってこともあるんですか？
矢部社労士　ありません。そもそも０円解決を望むのなら、「あっせん」を受けることができません。逆にいうと、１円でも支払う意思があるなら、「あっせん」を受けることはできます。１円って書くのはなんですから、「解決金を支払う意思がある」と私は書くことが多いです。
黒木社長　たしかに一発で解決するなら、すごくいいですね。でも、金額とかで折り合わなかったらどうなるんですか？
矢部社労士　いい質問ですね。空振りってことになりますね。あとは相手次第ですが、一般的には裁判してくるでしょうね。
黒木社長　じゃあ、やっても無駄ということですか？
矢部社労士　じゃあ、やめときますか？
黒木社長　いえいえ。先生が「あっせん」を受けようっておっしゃるなら、理由があるんでしょう？

矢部社労士　おっしゃるとおり。私の経験によると、この事案は、「あっせん」で解決した方がいい事案だと思うから「あっせん」を提案しています。私は、会社が「あっせん」を申し立てられた事案ごとに「受けた方がいいか」、「受けない方がいいか」の選択をアドバイスします。

会社が悪くないのにお金を請求されたならば、毅然と突っぱねるべきです。「あっせん」は受けるべきじゃないでしょう。その結果訴訟になってもそれは仕方がないことでしょう。裁判で毅然と会社の正当性を述べればいいのです。

黒木社長　確かに。

矢部社労士　「パワハラ」については、この事案を解決した後に息子さんを交えてレクチャーしますが、今回は、厳然として、相手を蹴っています。手を出したら負けです。今回は足ですね。

これは場合によると刑法上の暴行罪に該当します。民事上の問題ではなく刑事上の問題になる可能性もあります。暴行って、相手がケガしてなくても成立するんです。「洋服を引っ張る」とか、「日本刀を振り回す」とかでも暴行とされた判例もあります。太鼓を連打して相手の意識を朦朧とさせて暴行罪が適用された判例もあるくらいです。

黒木社長　息子は前科一犯になるのでしょうか？

矢部社労士　はい。起訴されて有罪になった場合に限りますけど。2年以下の懲役若しくは30万円以下の罰金又は拘留若しくは科料ですね。

黒木社長　ひいい！　で、蹴って相手がケガしたら、もっと罪が重いとか？

矢部社労士　そういうことです。暴行して、相手にケガをさせたら傷害罪になる場合があります。15年以下の懲役又は50万円以下の罰金です。

黒木社長　懲役15年!!

矢部社労士　あくまで、起訴されて有罪になった場合の上限です。蹴られてすぐ病院行って、「足が痛い」って「診断書」提出されていませんか？　「悪い輩」だったら自分でもう1回足を蹴るくらいするかもしれませんよ。

黒木社長　ひいいい！　どうにかしてください。

黒木社長は、また顔から血の気が引いていた。矢部社労士は顔色を変えずに冷静に解決策を示し始めた。

矢部社労士　そうなんです。この案件は､強気に出るのは得策ではありません。実際に「蹴っている」わけですから。蹴った場面を何人も見ています。仮に誰も見ていなくても事実､「蹴っている」わけですから。嘘をつくことはよろしくありません。
黒木社長　おっしゃるとおりです。
矢部社労士　早期解決が良いと思います。訴訟と違って「あっせん」は、細かい証拠調べを行わないので、準備の労力も少なくて済みます。いろいろ勘案しても1カ月以内には、全て終わるでしょう。
黒木社長　先生､「あっせん」でよろしくお願いします。息子を犯罪者にしないでください。
矢部社労士　社長､「解決金」をいくらまで出しますか？　ちなみに、私が過去あっせんを受けた案件は100％和解しています。そもそも和解できなさそうな案件は、先ほど言ったとおり、訴訟などを覚悟してもらっていますから。
黒木社長　和解できるならいくらでも。と言いたいところですが、100万円くらいだと嬉しいのですが…。
矢部社労士　了解しました。横領の疑いもありますから、100万円以内を目指しましょう。｢明けない夜はありません」よ。
黒木社長　ありがとうございます。

矢部社労士は、特定社会保険労務士が委任を受けて代理人となることができること等「あっせん」に関する説明を行った。

矢部社労士は、弁論書を作成し、紛争調整委員会に対して「あっせん」手続きに参加する旨を通知した。

黒木フーズ株式会社の顧問契約のプランには労働局の「あっせん」代理に関する代理行為全般の料金が含まれた契約であるため、追加の費用負担は必要としなかった。

3週間後「あっせん」の当日。労働局の控室に黒木社長と矢部社労士はいた。

黒木社長　先生、よろしくお願いします。

矢部社労士　お任せください。黒木社長も同席していただきますが、私が代理ですので、基本的には黒木社長は何も喋らなくて結構です。むしろ喋らないでください。労働者側と会社側と順番に交替で約３回ずつ呼ばれます。言いたいことは基本的に控室で私に言ってください。あっせん委員に対して「社長が喋る必要がある」と私が判断したら、「社長、どうですか？」と発言を促しますから。

黒木社長　分かりました。頼もしいです。お任せします！

あっせん会場。会場には、黒木社長と矢部社労士、あっせん委員の弁護士、事務官の４人がいた。

あっせん委員　早速ですが、先ほど労働者側に意見を求めました。先方は、「300万円の解決金」、「解雇であることを認めよ」との要求があります。

矢部社労士は、黒木社長や会社の従業員からヒアリングした内容をあっせん委員に伝えた。

さらに、元従業員駄目太夫が、「横領」「横流し」をしているであろうと推認するに必要な「間接的な証拠」、「証言」を資料として示し、その主張を伝えた。

矢部社労士　以上のとおりです。とはいえ会社としましては、円満な早期解決を望んでいますので、①「25万円の賃金の２カ月分、50万円」を提案します。また、「退職届」をお示ししたとおり、会社は、「解雇ではなく、自己都合退職」と認識しています。しかし、会社としましては、②「会社都合退職」とし、「離職票上の退職理由を会社都合」とすることを提案します。

あっせん委員　50万円ですか…。「横領」、「横流し」ですか？　それは相手方から聞いていませんね。相手方はそのことに一切触れていませんでした…。とにかく、相手方にお伝えします。また呼びますので、控室でしばらくお待ちください。

そう言うと、あっせん委員は困った表情をした。

黒木社長と矢部社労士は、事務官に案内され控室に戻った。

黒木社長　駄目太夫は、「横領」「横流し」の件で相当動揺しているでしょうね。
矢部社労士　おそらくそうでしょう。あっせん委員には、自分の都合のいいことだけを言っていたのでしょう。まあ、それが一般的ですよ。

20 分経った頃、2 人は再度あっせん会場に呼ばれた。

あっせん委員　貴社が提示された「状況証拠」をお示ししたところ、「この件については話したくない」と口をつぐんでいました。

あっせん委員は、会社側からの提案内容を先方に伝え、会社との「あっせん」での和解に応じるように説得した旨を黒木社長と矢部社労士に伝えた。そのうえで、駄目太夫の提案を彼らに伝えた。

あっせん委員　先方は、①「100 万円」と②「会社都合退職」を望んでいます。

矢部社労士は、黒木社長の顔を覗き込んだ。安堵の顔を見せていた。矢部社労士は軽く頷いた。黒木社長も頷いた。

矢部社労士　①「75 万円」と②「会社都合退職」を提案します。
あっせん委員　分かりました。先方に提案します。控室でお待ちください。

黒木社長と矢部社労士は控室に戻った。

黒木社長　先生、てっきり 100 万円でオッケーすると思いましたよ。
矢部社労士　通常なら 50 万円をもう一度提案します。強気で行くなら、「横領」「横流し」を勘案して、取り下げさせる交渉さえ考えられます。

しかし、息子さんが蹴った事実は変わりませんし、確実にここで「和解」することが最重要と判断しました。

そこで、極めて高い可能性で彼が「和解」するであろう75万円を提案しました。

万が一、彼が75万円で「和解」しなければ100万円で「和解」しましょう。

黒木社長　さすがです。

今度は、10分ほどであっせん会場に呼ばれた。

あっせん委員　先方は、①「75万円」と②「会社都合退職」で合意するとのことです。これから「合意書」を作成しますので、再度10分ほど控室でお待ちください。

矢部社労士　「清算条項」と「秘密保持条項」よろしくお願いしますね。

あっせん委員　もちろんです。

「合意書」が作成され、双方が署名・捺印に至った。

黒木社長　ありがとうございます。ありがとうございます。どれほど感謝しても感謝し足りません。

矢部社労士　よかったですね。

そういうと2人は固く握手をした。そして、あっせん会場を後にした。

3．協調性欠如　労働審判

～どうしたら辞めてもらえるのか!?　会社から起こす労働審判のすすめ

株式会社貴立興業（きりつこうぎょう）には、他の社員と協調性がない不京和音（ふきょう・わおん）という男性社員がいた。不京は皆が納期前で忙しくしているのに手伝わない、自分の意見と違うとその業務をやらない、不機嫌になると早退するといった行動をとった。

ある日、いつものように不京の機嫌が悪く周囲の同僚や後輩に八つ当たりをし、職場の雰囲気が悪かったため、貴立忠（きりつ・ただし）社長が「もう少し笑顔で仕事をしましょう」と優しく注意したところ、不京が「はあ～!?　誰に言ってるんすか？」「ケンカ売ってるんすか？」などと反抗したため、貴立社長は激高して、「お前こそ誰に向かって言ってる!!」「もう我慢ならない！」「クビだ！二度と会社に来るな!!」と言って、退社を命じた。それ以降、不京は会社に来なくなった。

すると、数日後、十三（じゅうそう）法律事務所から内容証明郵便が届いた。その書面には「不京氏の代理人に就任しました」「解雇は無効ですので、速やかに解雇の通知を撤回して、不京氏を職場に復帰させてください」と記載されていた。

貴立社長は慌てて、顧問弁護士のいる、けいま法律事務所に連絡して、大川弁護士と打ち合わせを行うことにした。

貴立社長　早速ですが、十三法律事務所から、このような内容証明郵便が届きました。

こんなことは初めてなのです。どのように対応すればよいですか？

大川弁護士　分かりました。まずは内容証明郵便を確認しますね。

株式会社貴立興業
代表取締役　貴立　忠　殿

十三法律事務所
弁護士　十三　好男

受任通知書

当職らは、不京氏から委任を受けた弁護士ですが、不京氏の代理人として、以下のとおり通知致します。

貴社は、○年○月○日付で不京氏を解雇しておりますが、その解雇理由が定かではありません。また、これまで不京氏を注意・指導することなく、突然解雇を言い渡しており、この点からも、本件解雇は無効と言わざるを得ません。

つきましては、解雇を撤回していただくとともに、速やかに不京氏を職場復帰させることを要求いたします。

大川弁護士　会社が下した解雇が無効であると主張されていますね。

それでは、まず、解雇が有効なのか無効なのか見通しをお伝えしたいので、不京さんがどんな人なのか教えてください。

貴立社長　不京は入社 10 年目の男性社員です。入社２～３年くらいはある程度真面目に仕事をしていたように思うのですが、次第に本性を現すようになったのか、協調性に欠けるような言動が目立つようになってきました。皆が納期前で忙しくしているのに手伝わない、自分の意見と違うとその業務をやらない、不機嫌になると早退する、機嫌が悪いときは私の指示も無視して聞こえないふりをする、といった行動をとります。

私は、不京から馬鹿にされた態度を取られていることは薄々気づいていたのですが、今回のように直接挑発されるようなことがなかったため、我慢できたのです。

ただ、今回は、私に向かって直接、「はあ〜!?　誰に言ってるんすか？」「ケンカ売ってるんすか？」などと挑発してきたため、思わず、「クビだ！」などと引導を渡してしまったのです。堪忍袋の緒が切れて、長年蓄積された怒りが爆発したのです。

大川弁護士　なるほど…。確かにお怒りはごもっともです。

それでは、これまで、そのような協調性のない態度に対して、会社はどのように向かい合ってきましたか？　分かりやすく言うと、注意したり、指導したり、場合によったら懲戒処分を下したり、必要な対応を取ってきましたか？

貴立社長　それがお恥ずかしい話ですが、私も他の社員も見て見ぬふりをしていたのが正直なところです。７〜８年前は多少注意をしていたのですが、少し注意すると、何倍も屁理屈を言い返してきたり、逆恨みを買いいつまでも陰湿な仕返しを受けたりするので、皆、関わると損をすると考えるようになり、ある意味、アンタッチャブルな存在でした。

その７〜８年前は、不京を注意する女性社員がいたのですが、注意された不京がその女性社員に逆恨みをして、その女性社員が言い間違えすると「小学生以下ですね（笑）」などと馬鹿にしたり、業務に支障のない些細なミスでも「あなたのせいで大変なことになっていますよ。どう責任取るのですか！」などと罵倒したり、何かにつけて、その女性社員に「僕のことを注意できるのですから、あなたは完璧な人間なのですよね」などと詰め寄ったりし続けたため、最後は、その女性社員も怖くなり退職しました。

今振り返ると、彼の目の上のたんこぶだったその女性社員がいなくなって、不京の暴走を誰も止められなくなったのです…。

大川弁護士　そうですか…。どうして社長は注意しなかったのですか？

貴立社長　面目ないです。私も不京のことが面倒くさくて、ここ数年間はまともに会話もしていない状況でした。

大川弁護士　それはいけませんね。改善を促す注意や指導がないと解雇は無効になりますね。

貴立社長　協調性の欠如だけでは解雇は有効にならないのですか？

大川弁護士　いえいえ。そうではありません。

協調性欠如の社員に対して解雇が有効になった例もあります。

たとえば、過去の裁判例※では、入社当初からの会社批判等の問題行動の繰り返し、職場の人間関係のあつれきを招く勤務態度からすると、会社と社員の労働契約における信頼関係が成り立っていないとして、社員の礼儀と協調性にかける言動・態度を理由とする懲戒解雇を有効と判断しています。

もっとも、何の前触れもなく突然に解雇を言い渡してはいけません。是正のため注意し反省を促したにもかかわらず、改善されないなど今後の改善の見込みもないことが必要なのです。

※セコム損害保険事件（東京地判平 19・9・14）

貴立社長　そうですか…、やってしまいましたね。どうしたらよろしいでしょうか？

大川弁護士　念のためお聞きしますが、不京さんの復職を認める余地はありますか？

貴立社長　正直言うと、それは勘弁して欲しいです。

職場にようやく平和が訪れたと皆安堵し、ようやく社内モチベーションが回復したのです。お金を払ってでも辞めて欲しい、というのか本音です。

大川弁護士　分かりました。金銭解決の方針で、交渉をしてみましょう。

早速、大川弁護士は貴立興業のために受任通知を作成した。

受任通知書には、「大川弁護士が貴立興業の代理人に就任したこと」「解雇は有効であること」「もっとも、会社は早期解決を望んでいるため、退職を前提とする金銭解決を望んでいること」などを主張した。

その後、大川弁護士は十三法律事務所の十三好男（じゅうそう・よしお）弁護士と、電話による交渉の他、弁護士会の面談室で交渉するなどした。

大川弁護士は貴立社長から、解決金として、最大 12 カ月分の給料は支払ってもよいと内諾を得ていたが、第一案としては、「6 カ月分の給料相当額で解決金としたい」を提案した。

ところが、十三弁護士は、「不京さんは、職場復帰を強く希望しています」と回答して、とりつくしまもない態度であった。大川弁護士が、解決金を多少上乗せすれば検討する余地があるのか探ってみても、「難しいと思います」と答えるだけであった。

大川弁護士の見立てとしては、「不京は会社やその代理人の話に聞く耳を持たない」、かたや「十三弁護士は不京を説得する気もない」という状況であり、早期解決のためには、交渉のステージを変えざるを得ない、というものであった。

再び、貴立社長と大川弁護士の打合せが行われることになった。

大川弁護士　なかなか相手も手強いですね。本気で復職を考えているのか、解決金の金額が足りないだけなのか判断しにくいところがあります。

貴立社長　そうなんですね。それでも何とか退職してもらう方法はないのでしょうか？

新聞か何かで見ましたが、解雇の金銭解決制度を利用することはできないのですか？

大川弁護士　解雇の金銭解決制度は、何度か導入が検討されましたが、そのたびに「金さえ払えばクビにできる」などと批判され、労働組合からも猛反発され、法制化には至っていません。

ただ、それに代わる制度として提案したい法的手続があります。

貴立社長　それは何ですか⁉

大川弁護士　労働審判です。

貴立社長　おおーっ！　…って、「労働審判」って何ですか？

大川弁護士　労働審判とは、労働審判官（裁判官）１人と労働関係に関する専門的な知識と経験を有する労働審判員２人で組織された労働審判委員会が、労働紛争について、適宜調停を試みる制度です。原則として３回以内の期日で審理し、調停を試み、調停による解決に至らない場合には、柔軟な解決を図るための労働審判を行います。

貴立社長　裁判所に対する手続ですよね。訴訟とどう違うのですか？

大川弁護士　まず、審理期間ですね。訴訟の審理期間は１年以上かかることが一般的ですが、労働審判は原則として３期日以内に解決しなければいけませんので、２～３カ月で審理が終結します。

貴立社長　早く解決するのは良いですね。

大川弁護士　次に、審理の内容面でも、訴訟はどうしても証拠に基づき判断されますので、解決内容が杓子定規になるときもあります。労働審判は、労働者だけではなく、使用者の実情も十分に考慮して、かなり柔軟な解決案を提示してもらえる可能性があります。

貴立社長　労働審判…思い出しました！　前に残業代請求対策セミナーに参加したときに、労働者から労働審判を受けるリスクがあります、と紹介されていました。そのときのセミナーの印象では、労働審判は労働者を救済する労働者のための手続で、会社は労働審判を起こされるだけの立場だと思っていたのですが、会社から、労働審判を起こすなんて認められるのですか？

大川弁護士　それは誤解ですね。会社からも労働審判を起こすことはできます。

もちろん、労働審判が労働者を救済する労働者のための手続という側面があることも否定はしませんが、繰り返しご説明するとおり、労使の実情を十分に考慮した上で解決案を提示する手続なのです。労働者だけではなく、使用者の実情も考慮してもらえるのであり、会社にとっても有効利用できる手続だと考えています。

貴立社長　そうなんですね。

大川弁護士　解雇が争われている事案では、解雇理由がまったくない場合や、非人道的な解雇など余程の事情がない限り、労働審判委員会は、退職を前提とする金銭解決の提案をすることが多いです。事実上、解雇の金銭解決制度に近い機能を有していると考えられます。また、訴訟に持ち込まれると１年以上法廷闘争が続きますが、その前にこの制度を利用して早期解決を図るメリットもあります。

貴立社長　是非とも労働審判をしましょう！

大川弁護士　ただし、留意点があります。

労働審判に対して当事者から異議の申立てがあれば、労働審判はその効力を失い、労働審判事件は訴訟に移行します。不京さんが労働審判委員会の提案に全く耳を貸さない場合は、訴訟に移行する可能性がありますので、その点は覚悟する必要があります。

貴立社長　それでは、結局、訴訟になってしまうのではないですか？

大川弁護士　ただ、労働審判委員会、特に労働審判官（裁判官）の説得はかなり強力です。私が過去に担当した事案でも、復職を譲らなかった従業員が、労働審判官に説得されて、最終的には満足して金銭解決に応じた例も知っております。

貴立社長　分かりました。それでは、ダメ元でやってみましょう。先生、お願いします!!

早速、大川弁護士は、「労働審判手続申立書」を起案して、裁判所に提出した。

期日は1カ月後に決まった。

労働審判期日の当日。

裁判所の書記官室の近くにあるベンチで、大川弁護士と貴立社長が座っている。期日の呼び出しを受けるのを待っているが、貴立社長はかなり緊張した面持ちである。

貴立社長　先生の事務所で、何度もリハーサルを行いましたが、やっぱり緊張しますね。

大川弁護士　それは仕方がないことです。始まったらあっという間に終わりますよ。

貴立社長　1回目の期日は、まず初めの1時間で事件のことを聞かれるのですよね。そのときは相手の不京も同席しているのですか？

大川弁護士　はい。同じ審判廷内で事件の取り調べは行われます。審判官等から色々と聞かれますので、リハーサルどおり、事実を正確に説明してくださいね。

貴立社長　それが終わってから後半には、調停に向けた話合いが行われるのですよね。

大川弁護士　そうですね。後半は当事者同席ではなく、交互に調停に向けて労働審判委員会と意見交換を行います。そこで、多少解決金を支払うことはやむを得ないが、何とか退職して欲しいと考えていることを伝えましょう。

貴立社長　分かりました。

「○○号事件の関係者の方、ご案内いたします」

大川弁護士　呼ばれましたね。行きましょうか。
貴立社長　はい。

そして、大川弁護士と貴立社長は労働審判廷に案内されることになった。

【労働審判廷の風景】

（引用：大阪地方裁判所 WEB）

【労働審判の模様】

（引用：裁判所 WEB）

労働審判が開始された。
労働審判官は早速当事者に対する事情聴取を開始した。
まずは、相手方（不京）に対して、会社が作成した申立書に記載された協調性欠如を基礎づけるエピソードの有無や程度等について聞き取った。「自分の意見と違うとその業務をやらないと記載されているが事実か」との質問に対して、不京が「自分の考えが正しいのだから、問題ないでしょう」などと反抗したところ、労働審判員から「会社の指示に従うのが従業員の役目でしょう。業務をしない正当な理由にはならないよ !!」と一喝される場面もあった。

次に、申立人（貴立社長）に対して、注意・指導をどの程度行ったか聞かれた。事実上、黙認状態であったことを正直に伝えたところ、労働審判官から、「解雇をする上では、通常は、指導教育を行い、それでも改善の見込みがないときに、初めて解雇を選択するものですよ」と言われた。

このようなやりとりが1時間近く行われた後、労働審判委員会から、調停に向けた話合いのため、当事者交互に話を聞きたいと提案され、まずは、申立人（貴立興業）側が、労働審判委員会と話し合うことになった。

労働審判官　お疲れ様でした。早速ですが、労働審判委員会としては、協調性の欠如を示す証拠は一応存在し、この点は立証しうるのではないかと考えておりますが、やはり、注意・指導がなされていないため、解雇そのものは無効であると判断せざるを得ません。

ただ、不京さんに問題行動が多々あることも十分に理解しましたので、労働審判委員会としては、退職を前提とする金銭解決を提案したいと考えております。

もっとも、解雇そのものが無効であることが前提ですので、ある程度の月数の給料相当額は解決金として支払う必要がありますが、会社としては、金銭解決については選択肢にありますか？　また、あるとして、どの程度の解決金をお考えですか？

大川弁護士　はい、会社から労働審判を申し立てていることからもお分かりのとおり、金銭解決はむしろ好ましい解決方法と理解しております。

事前の交渉で6カ月分の給料相当額を提示していますが、不京側から拒否されています。大幅な増額は厳しいかもしれませんが、労働審判委員会が不京側の退職を説得していただけるのであれば、解決金の上積みは積極的に考える次第です。

労働審判官　分かりました。それでは、相手方と交替してください。

労働審判委員会と相手方（不京側）が話し合っている間、貴立社長と大川弁護士は待合室で待った。労働審判委員会と会社との話合いが 15 分程度で終了したにもかかわらず、相手方との話合いは 30 分を過ぎても終わらず、貴立社長らは、労働審判委員会の説得が相当難航しているのではないか不安になった。

40 分を過ぎたあたりで、ようやく申立人（貴立興業）の番に替わった。

労働審判官　説得に相当難航しましたが、不京さんにも自らの問題行動を理解してもらい、裁判では必ずしも勝てるとは限らないことも理解してもらいました。後半には金額次第ということになり、労働審判委員会としては 200 万円を提示し、持ち帰って検討してもらうことになりました。

大川弁護士　ご尽力いただき、ありがとうございます。

労働審判官　それでは、申立人側も、200 万円の解決金が支払い可能か検討しておいてください。

その日の労働審判期日は終了した。

２週間後の第２回労働審判期日では、双方 200 万円の解決金で歩み寄り、無事退職を前提とする金銭解決に成功した。

貴立社長　先生、本当にありがとうございます。不京君の退職が決まり、従業員皆、ほっと一安心しております。今後、従業員とのトラブルがありましたら、感情にまかせて決断せず、先生に相談してから決めていきます。

労働審判官認印

第２回労働審判手続期日調書（調停成立）

事件の表示	○年（労）第○号
期日	○年○月○日午後○時○分
場所	○○地方裁判所第○民事部労働審判廷
労働審判官	○○　○○
労働審判員	○○　○○
労働審判員	○○　○○
裁判所書記官	○○　○○
出頭した当事者等	申立人代表者　　貴立　忠
	申立人代理人　　大川　啓馬
	相　手　方　　不京　和音
	相手方代理人　　十三　好男

手続の要領等

当事者間に次のとおり調停成立

第１　当事者の表示

別紙当事者の表示のとおり

第２　申立てに係る請求の表示

申立ての趣旨及び理由は、労働審判手続申立書のとおりであるからこれを引用する。

第３　調停条項

別紙調停条項のとおり

裁判所書記官　○○　○○

（別　紙）

1　申立人及び相手方は、申立人と相手方間の労働契約が○年○月○日限り終了したことを相互に確認する。

2　申立人は、相手方に対し、本件解決金として２００万円の支払義務があることを認める。

3　申立人は、相手方に対し、前項の金員を、○年○月○日限り、相手方指定の普通預金口座に振り込む方法により支払う。ただし、振込手数料は申立人の負担とする。

4　申立人及び相手方は、本調停の内容を正当な理由なく開示または漏洩しないことを誓約する。

5　申立人と相手方は、本調停条項に定めるほか何らの債権債務がないことを相互に確認する。

6　手続費用は各自の負担とする。

以　上

4．長時間労働対策　事前法務

~働き方改革で待ったなし！　長時間労働対策で有効なハードとソフト

あるウィークデイの午後、顧問先企業の株式会社本郷産業（業種：医療機器製造業）の社長である本郷一之助氏が、東京丸の内にある社労士法人大江戸セントラル事務所に相談にやってきた。この日対応するのは、同法人代表社員の特定社会保険労務士・江戸桃太郎と、彼の部下であり本郷産業の顧問担当である勤務社労士の特定社会保険労務士・神田千明であった。舞台は事務所の社長室。

本郷社長　江戸先生、神田先生。本日伺ったのは他でもありません。弊社の社員の長時間労働についての相談です。最近、私の社長仲間の会社に労基署の立ち入りがあって、長時間に対する是正勧告が出されたんです。

恥ずかしながら、弊社もその会社とほとんど同じ状況なので、急ぎ対策を講じなくてはと尻に火がつく形になって、今日は著書やTV出演も多くされている長時間労働対策の権威であられる江戸先生にご相談致したく参った次第です。

江戸社労士　そうだったんですね。お話を伺いましょう。

本郷社長　ありがとうございます。こちらの事務所と顧問契約を結ばせていただいて間もなく1年。隔月で定例訪問をしてくださる神田先生のおかげで、就業規則や36協定なども整備され、適法な労務管理ができるようになってきました。

江戸社労士　お褒めいただきありがとうございます。しかし、まだ解決できていないお悩みがあるんですね？

本郷社長　そうなんです。実は弊社も、先ほどお話しした社長仲間の会社と同様、残業時間が月 80 時間を超える社員が何人かいるんです。働き方改革の兼ね合いもあり、その会社のように、いつ労基署の立ち入りがあるか気が気じゃなくて。

江戸社労士　分かりました。一緒に対策を考えていきましょう。まず、神田が定例訪問の際にご説明申し上げたと思いますが、弊社で作成した働き方改革に関するこちらの資料はご覧になっていただけましたか？

No.	TOPIC	施行日	内容
1	時間外労働の上限規制	大企業： 2019 年 4 月 中小： 2020 年 4 月 ※適用猶予・除外あり	• 特別条項に上限設定（年間 720 時間、単月 100 時間未満（※）2～6 カ月平均 80 時間（※） ※休日労働時間を含む
2	月 60 時間超の割増率中小企業猶予廃止	2023 年 4 月	
3	年次有給休暇の 5 日の取得義務	2019 年 4 月	• 10 労働日以上の有給が付与→基準日から 1 年以内に 5 労働日は取得義務
4	フレックスタイム制の見直し	2019 年 4 月	• 清算期間が最大 3 カ月に • 清算期間が 1 カ月超の場合、週当たり 50 時間超にならないように（超えた分は割増賃金） • 1 カ月超の清算期間の場合は労基署に要届出
5	高度プロフェッショナル制度の創設	2019 年 4 月	• ①高度の専門知識等、②時間と成果の関連性が高くない年収 1075 万円以上 • 労使委員会の 4/5 以上による決議＋本人の同意。同意撤回も可能
6	勤務間インターバルの努力義務化	2019 年 4 月	
7	産業医・産業保健機能の強化	2019 年 4 月	• 産業医への情報提供、勧告内容の報告義務 • 産業医の業務内容等の掲示義務
8	同一労働同一賃金	大企業： 2020 年 4 月 中小： 2021 年 4 月	•「短時間労働者及び有期雇用労働者の雇用管理の改善等に関する法律」に再編

本郷社長　はい。神田先生が定例訪問の際に持ってきてくださり、詳しく内容をご説明くださいました。

江戸社労士　そうですか。では、神田先生、１つ目の時間外労働の上限規制のところを、再度本郷社長に説明してください。

神田社労士　かしこまりました。

神田千明は大学在学中に社労士試験に合格し、インターンをしていた社労士法人大江戸セントラル事務所にそのまま新卒で入社した８年目の中堅社労士である。彼女は、アウトソーシング事務センターでの３年間の勤務を経て、４年前に労務管理支援グループに転属。最近は上場クラスの顧問担当も任されるようになってきた脂がのり始めた社労士と言える。そんな彼女を、江戸は手塩にかけて育てている。

神田社労士　ご存じのとおり、36 協定で規定できる原則的な時間外労働の上限は、月間 45 時間・年間 360 時間です。

本郷社長　月 45 時間× 12 か月じゃないんですよね。

神田社労士　左様です。月の原則の上限は 45 時間なのですが、それとは別に年間の上限があり、それが 360 時間なのです。これが時間外労働の原則の上限です。

本郷社長　月 45 時間・年間 360 時間では繁忙期は正直厳しいですね。

神田社労士　そうですよね。その繁忙期に対応したものに「特別条項」があります。

本郷社長　原則の上限時間では業務が終わらない繁忙期には、別の上限が適用されるんですよね？

神田社労士　左様です。ただ、留意点が一点ございます。特別条項というくらいですから、年中ずっとその基準が適用できるわけではありません。適用できるのは１年 12 カ月の内の半分である６回が最大になります。

江戸社労士　あと、補足ですが、特別条項を適用するには、以下の２点を 36 協定に定めておかなくてはなりません。

①　限度時間を超えて労働させる場合における手続き…協議、通告など ②　健康・福祉確保措置

江戸社労士は華麗にパソコンを操作して、社長室のスクリーンにプロジェクター資料を投影しながら淀みなく説明する。

江戸社労士　厚生労働省は、健康・福祉確保措置について、勤務間インターバル、代償休日、労働者の勤務状況及びその健康状態に応じての健康診断の実施など９つの方策を例示しています。過去の痛ましい事件を経て、長時間労働と精神疾患との因果関係が明白ですので、特別条項が適用される社員に対する健康・福祉確保措置の選び方が大変重要です。

「やりやすい」ものを選ぶのではなく、長時間労働に起因した精神疾患を真に防止するのに有効なものを選んで実施してくださいね。

江戸社労士の熱心な説明に本郷社長も聞き入っている。

続いて、神田社労士が、特別条項が適用される場合の上限時間について続けて解説する。

神田社労士　特別条項が適用される場合の時間外労働の上限は年間720時間になります。加えて、どんなに忙しい月であっても、時間外労働・休日労働合わせて１カ月100時間未満が上限になります。ただ、前述のとおり、特別条項を使う場合でも、時間外労働の上限は720時間以内です。したがって、たとえば月80時間を６カ月やってしまうと、残りの６カ月は月20時間平均しか時間外労働ができなくなりますので注意してください。

本郷社長　りょ、了解です。他にもルールがありましたよね？

神田社労士　特別条項が適用される月で平均して、時間外労働・休日労働合わせて80時間が上限です。ただ、前述の年間720時間があるので、80時間を

６カ月できて、さらに残り６カ月で上限月45時間目いっぱい時間外労働させられるわけではないので注意が必要です。

江戸社労士　整理しますと、原則の月45時間・年間360時間、特別条項の年間720時間、単月最大100時間未満、月平均80時間以内という５つの上限をそれぞれ管理しなくてはならないわけです。

本郷社長　なんとも複雑ですね…。

江戸社労士　具体的に管理をどうしたらいいかのお話をしたいので、御社の就業規則の関係条文を拝見しましょう。神田先生、よろしく。

神田社労士　はい、こちらにファイルを用意しております。

さすが江戸桃太郎の薫陶を４年間受けて来た神田社労士である。準備に余念がない。

江戸桃太郎は、パソコンを操作して本郷産業の就業規則の中の「出退勤の規律」の条文のページを開いてプロジェクターで投影し、解説を始めた。

（出退勤の規律）

第○条　社員は、出勤及び退勤の際には、次の事項を遵守しなければならない。

(1)　始業時刻までに業務が開始できるように出勤すること

(2)　出退勤の際は、速やかに、出勤の事実並びに始業時刻及び終業時刻を、タイムカードに打刻すること

(3)　出勤時の打刻は業務開始の際に、退勤時の打刻は業務終了の際に、速やかに行うこと

(4)　直行又は直帰その他特別の事情がありタイムカードの打刻を行えない場合には、後日必ず、出勤時刻及び終業時刻をタイムカードに記入すること

(5)　業務終了後速やかに退勤すること

(6)　所定外労働、時間外労働若しくは休日労働又は深夜労働については、本規則第○条ないし第○条の規定に従うこと

(7) 前号によらないで、いわゆる「無断早出」や「無断残業」をすることで、会社が規則第○条で定める始業時刻よりも前の時間帯及び終業時刻よりも後の時間帯に業務を行い、又は会社施設内に在社しないこと

江戸社労士　これは昨年、神田が支援させていただき改定された就業規則です。そのため、この出退勤の規律の条文は、出勤時と退勤時の速やかなタイムカードの打刻を義務付けている点や、始業時刻は業務開始の、終業時刻は業務終了の時刻である点、無断早出・無断残業の禁止など要点を押さえたものになっています。

しかし、一点だけ。

本郷社長　なんでしょう？

江戸社労士　条文では「タイムカードの打刻」となっていますが、当法人がお勧めしている○○社のクラウド勤怠管理システムはまだ導入しておられないのですか？

本郷社長　も、申し訳ございません。もちろん担当の神田先生からはクラウド勤怠の導入を勧めていただいているのですが、私の父である会長が抵抗勢力となって導入を阻んでおりまして…。

江戸社労士　「クラウドなんて意味の分からんものは」という感じですか？

本郷社長　まさにおっしゃるとおりです。

江戸社労士　お気持ちはお察しします。もう一つお伺いしますが、労働時間の現認も紙のタイムカードで行っているのですか？

本郷社長　労働時間の「げんにん」？

江戸社労士　ご存じのように、労働時間とは「使用者の指揮命令下」に置かれた時間です。したがって、タイムカードの打刻時刻が直ちに労働時間となるとは限りません。打刻時刻はあくまで、会社に出社した時刻であり、退社した時刻です。

本郷社長　弊社は管理がめんどくさいのでタイムカードどおりに1分単位で残業時間を計算し、残業代を払っているんです。

江戸社労士　もしかしたら、本来は労働時間ではない無断早出や無断残業も時間外労働時間にカウントされてしまっていたのでは？

本郷社長　まさにそのとおりです。本来はどうしたらよろしいのでしょうか？

江戸社労士　紙のタイムカードで労働時間管理を行う場合には、社員の打刻した出社時刻の脇に会社が現認した業務開始時刻を、退勤打刻の脇にやはり会社が現認した業務終了の時間を記載するといいでしょう。これをエクセルで別途「勤怠管理表」を作成してやる方法もありますが、基本的に考え方は同じです。

　後日まとめてでも良いですが、記憶があいまいになるので毎日その都度行うのが現実的でしょう。

本郷社長　そ、それは大変…。

　本郷社長は、ハンカチで汗を拭きながらそう呟くのが精いっぱいであった。

江戸社労士　御社は150名規模ですから、各所属長にそれを分掌したとしても楽ではないと思います。さらにもう一つお尋ねしますが、時間外労働の申請と承認も紙ベースでしょうか？

本郷社長　そうです。しかし、早出や残業をするには原則として事前に残業申請書を出すというルールも形骸化してしまっているんです。

江戸社労士　無断早出や無断残業が横行しているということでしょうか？

本郷社長　それもありますが、本来は早出や残業に当たらない場合もタイムカードの打刻どおりに残業代を支払っています。

江戸社労士　たとえば、どんな場合がありますか？

本郷社長　本来は早出ではない事例の代表例は、満員電車を避けて早い時間帯に会社に来ているケースです。彼らの気持ちも分かるので、特に禁止はしてこなかったんです。でも、それが残業時間にカウントされるのは違う気がします。

江戸社労士　そうですね。本来は残業ではないケースにはどんなものが想定されますか？

本郷社長　業務ソフトの練習時間です。弊社は業界で広く使用されている業務ソフトを使用しているのですが、その操作を習得するために退勤後に会社に残って自主練習をしていく社員がいるんです。これも本来は労働時間ではないのですが、現状は管理がいい加減で労働時間にカウントされています。

江戸社労士　現状よく分かりました。まず就業規則ですが、クラウド勤怠管理への移行を前提に、現行の出退勤の規定をこのように改めましょう。

ここで江戸桃太郎が妙技を見せた。プロジェクターで投影されている本郷産業の就業規則の文面を、ポイントを解説しながら、ブラインドタッチでその場で理想の規定例にどんどん変えていった。これができる社労士は少ない。

（出退勤の規律）
第○条　社員は、出勤及び退勤の際には、次の事項を遵守しなければならない。

（中略）

(2)　出退勤の際は、速やかに、出勤の事実並びに始業時刻及び終業時刻を、会社が指定する勤怠管理システムに記録すること
(3)　出勤時の勤怠管理システムの記録は業務開始の際に、退勤時の勤怠管理システムの記録は業務終了の際に、速やかに行うこと
(4)　直行又は直帰その他特別の事情があり会社が設置する勤怠管理システムの端末での記録を行えない場合には、携帯電話、タブレット端末又はパソコン等を活用してアプリケーションから勤怠管理システムの記録を行うこと

（中略）

(7)　前号によらないで、いわゆる「無断早出」や「無断残業」をすることで、会社が本規則第○条で定める始業時刻よりも前の時間帯及び終業時刻よりも後の時間帯に業務を行わないこと
(8)　原則として、本規則第○条で定める時間外労働等の申請・承認が無い限り、本規則第○条で定める始業時刻よりも前の時間帯及び終業時刻よりも後の時間帯に在社しないこと。ただし、通勤混雑緩和や業務ソフトの練習などやむを得ない事由がある場合には、会社は特別に時間外の在社を許可することがある。この場合

には、会社が認めた時間での出勤及び退勤の打刻をしなくてはならず、会社が許可しない時間の在社時間は労働時間ではない。

（自主トレーニング）

第○条の２　社員が、自身の判断によりパソコン練習等の「自主トレーニング」を、会社が規則第○条で定める始業時刻よりも前の時間帯又は終業時刻よりも後の時間帯に行いたい場合には、会社が定める方法で事前に所属長に届け出て許可を得なくてはならない。なお、「自主トレーニング」は、本規則第○条で定める会社の所定休日及び本規則第○条以下で定める年次有給休暇及び特別休暇等の取得中には行ってはならない。

２　会社が本規則第○条で定める始業時刻よりも前の時間帯に「自主トレーニング」を行う社員は当該始業時刻に、終業時刻よりも後の時間帯に「自主トレーニング」を行う社員は当該終業時刻に、速やかに、出勤の事実並びに始業時刻及び終業時刻を、会社が指定する勤怠管理システムに記録しなくてはならない。

３「自主トレーニング」を行う社員は、「自主トレーニング」実施時間中は、会社が定める「自主トレーニング中ストラップ」を着用し、「自主トレーニング中卓上札」を自身の机上のパソコン画面上部に設置することで明示しなくてはならない。

４「自主トレーニング」の時間は、会社の時間外労働等の命令によらず社員の自身の判断で実施するものであるので、労働時間ではないが、社員の疲労の蓄積を鑑み、１日当たり合計１時間、１週間当たり合計２時間30分を超えて実施してはならない。

江戸社労士　ルールの次は仕組みです。くどいようですが、やはり当法人が推奨しているクラウド勤怠管理システムを導入して、形骸化している紙の残業申請書を廃してシステムで申請・承認を行うように改めましょう。

本郷社長　そうするとどうなりますか？

江戸社労士　クラウド勤怠システムでは、部下からの時間外労働等の申請は所属長に行きます。

所属長は自身の部下の全ての勤怠や時間外労働・休暇申請などを管理画面で確認することができます。自身に来ている時間外労働等の申請の妥当性を判断し、「承認／非承認」を管理画面上ですればいいのです。

時間外労働の申請・承認がない限り、始業時刻・終業時刻には就業規則で定める定時が表示される形式にシステムを組むことも可能です。つまり、前述の労働時間の現認をシステムの仕組みと管理画面で行えるのです。

本郷社長　素晴らしい！

江戸社労士　現行の就業規則でも時間外労働の承認の無い無断早出や無断残業は禁止されているのでこの条文はとても有効です。このシステム上の申請・承認がない限り、時間外に勤務することができないという運用を徹底してください。

本郷社長　そうできたらどんなにいいか！　でも､社員はいつも「忙しい」「仕事が終わらない」を理由に、半ば自己の判断で早出や残業をしています。それに、残業代を生活費のアテにしている社員もいるようです。「残業をする権利」なんて言われたりしないんでしょうか？

江戸社労士　ひとつ参考になる裁判例があります。下級審ではありますが、使用者が明示の残業禁止命令を出している場合、無断で時間外に労働した場合には、その時間は労働時間とはされないという判決（※）が出ています。

※：神代学園ミューズ音楽院事件（東京高判平 17・3・30）

本郷社長　じゃ、じゃあ、クラウド勤怠管理システムを導入して、未届けの早出や残業は全面的に禁止すればいいんですね？

江戸社労士　半分はそうですが、残り半分はそうではありません。

本郷社長　何やら禅問答みたいですね。

江戸社労士　先ほど紹介した神代学園ミューズ音楽院事件の判示はこうも言っています。

２つポイントがあります。１つ目が、業務量が定時で終わるものであるかどうか。２つ目が、業務が定時で終わりそうにない場合に、残業禁止命令を受けていない他の社員に引き継ぐことができるような配慮がなされているかどうか。

本郷社長　それはつまり、労務的な対策と並行して、先生がご著書などで提唱しておられる、限られた時間の中で高い生産性を上げる仕組みづくりをしていかなければならないということですね。

江戸社労士　おっしゃるとおりです。

こうして、本郷社長は父である会長を何とか説得し、社労士法人大江戸セントラル事務所推奨の最新式のクラウド勤怠管理システムの導入に漕ぎ着けた。

加えて、江戸社労士のアドバイスにより、勤怠の承認を行う管理職層と、申請を行う一般社員層に、顧問担当の神田社労士による「勤怠管理研修」を別々に実施した。この研修を毎年の定例行事として実施することで、正しい勤怠申請と承認を行うことを会社の文化として醸成できる仕組みを作ったのだ。

こうした労務的支援で、正しい労働時間把握が可能となり、本郷産業の時間外労働時間は36協定で協定した上限時間を超えることは徐々になくなっていった。

加えて同社は、労務顧問契約と並行して、別途、社労士法人大江戸セントラル事務所と生産性向上支援コンサルテーション契約を締結したのである。担当はもちろん、この分野の権威である江戸桃太郎。

外資系コンサル会社出身の江戸社労士のコンサルテーションは、他のそれとは一線を画していた。江戸曰く、「働き方改革は『時短』ではない」。働き方改革の本質は「長時間労働せずともまともな賃金を支払える仕組みづくり」。そのため、本郷産業は江戸と二人三脚で、「早帰りの励行」「定時で終わらない仕事を所属長に引き継ぐ」といった目先の単なる時短策ではなく、1年かけて人事制度・賃金制度の大改革を断行した。これにより、本郷産業は、高い生産性を上げ、かつ、会社の理念・ビジョンを体現した社員が、長時間労働せずとも高い賃金を得られる仕組みに徐々に生まれ変わっていたのであった。

しかし、こうした中長期的な施策は芽吹くまで時間がかかる。そこで本郷産業は江戸社労士の強い提案を受けて、改革の早い段階で「残業ゼロ手当」の創出を行った。管理監督者一歩手前までの社員には、時間外労働の有無に関係なく30時間分の割増賃金相当額の手当を支給するものだ。

時間外労働が30時間未満でもこの金額は減額されることはないので、長時間労働削減が進んで行った後の社員の減収分を補うことができる。もちろん、万が一、時間外労働が30時間を超えた場合には、その時間分は適法に支払われる。

これは、「長時間労働の削減と生産性向上の成功には、会社が1日も早く残業ゼロ手当の支給を決断して、時短になる社員の減収分の補償を行うことである」という江戸社労士の豊富な経験から導き出されたアドバイスによるものであった。

加えて、働き方改革ワーキング・グループ（WG）のメンバーや生産性向上のための業務マニュアル作成などで、本業以外の時間と労力を取られる優秀層に対して、月額にして数万円から十数万円というレベルの「緊急昇給」を行った。なぜなら、「長時間労働せずともまともな賃金を支払える仕組みづくり」には手間も暇もかかり、当座は将来の長時間労働削減や生産性向上の仕組みづくりのために、ある程度は時間外労働を行う必要があり、その対象となるのは多くの場合、優秀層であるからだ。彼らへ報いることなくして働き方改革の成功はありえない。江戸は強く本郷社長に提案したのである。

こうして、本郷産業の時間外労働は、一番長い者でも月間45時間・年間360時間以内には収まる水準にまで低減したのであった。

スーパー社労士・江戸桃太郎は、今日も全国で八面六臂の大活躍である。

5．試用期間　交渉

～「試用期間」を甘く見ない！　試用期間満了による本採用拒否は解雇と同様？　企業が行うべき交渉は？

ある日の昼下がり、弁護士法人本山総合法律事務所の電話がけたたましく鳴り響く。今日も、突然の労働トラブルに見舞われた古目社長からのご相談のようだ。

古目樫男（ふるめ・かしお）社長の経営する株式会社古目樫出版は、弁護士法人本山総合法律事務所に長年顧問契約をしている。出版業界の老舗会社であり、社員数も 300 人は下らない。会社の規模が大きくなってくると、社員採用を全て古目社長がチェックすることも難しいのであろうか、今回は、新入社員の試用期間に関する法律相談だ。

古目社長　先生、つい先日採用した高畑が全然使えません。こんなはずではありませんでした。

高畑が採用面接前に提出した履歴書・職務経歴書によれば、高畑は複数の同業他社で、部長クラスの職務を合計 15 年も経験していますから、経験は十分、能力も申し分ないはずでした。

本山弁護士　そうでしたか。そこまでお怒りの様子ですと、相当働きぶりが悪いのでしょうね。採用面接時にも、受け答えの様子などから業務遂行能力が推察できる場合もあるのですが…。古目社長が最終面接を担当されたのですか？

古目社長　お恥ずかしながら、高畑を採用した時期は、当社の繁忙期であり、私も採用担当は専務に任せきりでした。そのため、採用面接のときには顔合わせをしていません。

しかし、専務からの報告では、社会人として礼節をわきまえた受け答えができる問題ない人物だと聞いていましたし、履歴書・職務経歴書を見れば、十分な能力を備えていることは明らかだろうと考え、それ以上深くは考えていませんでした。

本山弁護士　もし古目社長が経営者目線で最終面接を担当したら、「採用すべきでない」との結論に至ったかもしれませんね。

とはいえ、過ぎたことを言っても仕方ありません。正社員採用ということであれば、当然ながら試用期間は設定しているわけですね？

古目社長　そこはお任せください。本山先生にも長年お世話になっていますから、試用期間については、最終面接を担当させた専務の方から詳しく説明をしています

当社の試用期間は３カ月です。高畑は入社してから既に２カ月と 20 日ですから、あと約１週間私が我慢しさえすれば、試用期間満了、本採用をせず、無事会社を辞めてもらえることになっています。

本山弁護士　本当にそうでしょうか？　試用期間の考え方を勘違いされているかもしれませんね。試用期間を甘くみてはいけません。

試用期間は、その名のとおり「お試し」と思っていると、痛い目を見ます。試用期間が満了したからといって、何の理由もなく、全く準備もなく、本採用を拒否して会社を辞めてもらえるわけではありません。

高畑さんは使えない社員だということですが、業務上の注意指導や教育はしていますか？

古目社長　いえ、試用期間中でしたから。さきほども申しましたとおり、あと１週間そこそこ我慢すれば追い出せるのだと思ったら、注意指導などする気も失せますよね。

本山弁護士　それではいけません。たとえば、次の注意指導書を見てみてください。

そういって、本山弁護士は、A4 用紙１枚の書式を古目社長に手渡した。

本山弁護士　これは、当事務所で活用している注意指導書のひな形です。

○年○月○日

○○　○○　殿

株式会社○○○○
代表取締役○○○○

注意指導書

当社は、貴殿に対し、以下の行為及び業務態度等について、本書をもって厳重に注意指導すると共に、今後、真摯な反省の下に改善することを求めます。

- 頻発する遅刻・欠勤

貴殿は、当社に入社後、2カ月の間に15回の遅刻と7回の無断欠勤を行いました。頻発する遅刻、無断欠勤が、当社の正常な業務運営に与える支障が甚大であることは明らかであり、当社の規律、秩序を乱しています。

今後やむを得ない理由のない限り遅刻、欠勤をしないよう十分に配慮すると共に、やむを得ない理由によって遅刻、欠勤する場合にも可能な限り早く事前連絡をするよう、改善を求めます。

貴殿が以上の注意指導に従わず、同様の規律、秩序に違反する行為、業務態度を継続する場合や、改善の兆候が見受けられない場合には、○年○月○日の試用期間満了をもって、本採用を拒否する可能性があることを、念のため申し添えます。

株式会社○○○○
代表取締役○○○○　殿

私は、本書にて注意指導を受けた内容を確認し、十分に理解致しました。
指導を受けた事項について、心より反省すると共に、今後改善するよう努めます。

○年○月○日

氏名＿＿＿＿＿＿＿＿＿＿㊞

本山弁護士　中ほどの文言を見てください。この注意指導書のひな形では、注意指導をし、改善を促すとともに、万が一改善の努力が見受けられなかったときに、本採用拒否をする可能性があることを、あらかじめ警告しています。

古目社長　確かに、そのように書いてありますね。では今から、高畑にも注意指導書を出しますので、このひな形に沿って、高畑に出す注意指導書を作成していただけますか？

本山弁護士　残念ながら、このひな形を私が顧問先にお渡しするとき、３カ月の試用期間であれば、試用期間満了まで概ね１カ月〜１カ月半程度の猶予があるタイミングで通知するようにお伝えしています。

というのも、注意指導をして改善を促すということは、改善するのに要する期間の猶予が必要だからです。問題点の内容にもよりますが、これまで染みついた問題点を改善するためにはある程度の期間を要する場合も多いものです。高畑さんの業務上の問題点は、どのような点にあるのでしょうか？

古目社長　まず、高畑はあまりに注意深さが欠如しています。私達は出版会社ですが、提出してくる書類に誤字脱字が多すぎて、毎回上司が一からチェックし直さなければならないので、とても時間がかかっています。文字を扱う私達の業界で、これほどまでに誤字脱字が多いのは、致命的と言わざるを得ません。

仕事も雑で、原稿がまっすぐ印刷されていたことなど数えるほどです。毎回高畑の原稿は斜めに印字されています。

本山弁護士　そうでしたか。高畑さんが非常に問題のある人物だということは理解できましたが、しかし、それだけでは、解雇理由としては十分ではありません。

試用期間は「お試し」ではない、という説明をしましたが、試用期間は既に正社員としての雇用をしている状態ですから、試用期間が満了したときの本採用拒否とは、すなわち「解雇」と同じです。「解雇」と同様に、きちんとした解雇理由がなければ、本採用拒否が違法、無効と裁判所で判断されてしまいます。

具体的には、本採用拒否に合理的な理由があり、かつ、社会通念上相当でなければ、その本採用拒否は、違法、無効と判断されます。

古目社長　それは知りませんでした。もう試用期間満了までに１週間程度しか時間がなく、先程のような説明は初めて聞きましたので、特に注意指導などもせずに我慢してきました。どうすればよろしいのでしょうか？

本山弁護士　やむを得ません。あと１週間程度では、高畑さんに問題点を理解してもらって改善を促す期間としては不足ですし、万が一本採用拒否に進むとしても、「全く指摘も受けておらず、改善の期間も与えられなかった」という反論を食らってしまうことが容易に予想されます。

ひとまず、試用期間の延長を通知し、注意指導書を出して改善を促しましょう。確か貴社の就業規則には、試用期間を延長するための規定が記載されていたはずです。

○年○月○日

高畑　太郎　殿

株式会社古目樫出版
代表取締役社長　古目　樫男

試用期間延長通知書

このたび、貴殿の試用期間を○年○月○日から同年○月○日までの３カ月と定めておりましたが、当該試用期間中に、貴殿が正社員としての適格性を有していると判断できませんでした。

ついては、当社就業規則○条に従い、試用期間を○年○月○日まで３カ月延長することを通知します。

なお、延長後の試用期間中、もしくは、試用期間満了時に、貴殿が正社員としての適格性を有していないと判断したときは、本採用することなく貴殿との労働契約は終了となることを予め申し添えます。

以上

古目社長　なるほど、よく理解できました。あまりにも使えない高畑に、あと３カ月も給料を支払い続けなければならないのは不本意ですが、「試用期間さえ満了すれば、簡単に追い出せるはず」と誤解していたのは、当社の落度ですから致し方ありません。

もうこれ以上、試用期間を延長することはありませんよね？ 再延長、再々延長などというのは困りますし、一刻も早く高畑には当社から出て行ってもらいたいです。

本山弁護士　延長した試用期間中に、貴社がきちんと対応することができるかにかかっています。何もやらなければ、やはり今回と同様、延長後の試用期間満了時にも「本採用拒否は難しいです」というアドバイスにならざるをえないかもしれません。

高畑さんに問題点が多いのであれば、注意指導をきちんと行い、改善を求める旨とともに、書面による指導などの形で証拠化してください。

古目社長　分かりました。やってみます。

約２カ月が経過し、また同じ社員の件について、古目社長が弁護士法人本山総合法律事務所を訪れた。相変わらず、浮かない顔をしている古目社長に対して、本山弁護士が進捗を尋ねた。

このとき、高畑氏の延長後の試用期間満了時まで、あと１カ月とちょっとの期間が残されていた。古目社長が、本山弁護士に今後の対応について相談している。

本山弁護士　その後、高畑さんの業務態度に改善は見られましたか？

古目社長　それが、全然うまくいかなくて…。高畑には、問題点があるごとに逐一注意をしています。直属の上司にも、高畑には厳しく接するようにと伝えています。先生のアドバイスどおり、書面による注意指導も行いましたが、一向に改善の気配が見えません。

最近ではむしろ、注意されることを面白がっているのではないかとすら思えるほどです。私や他の社員に対する態度が横柄になり、自分ができないことを開き直っているかのようで、手に負えません。一緒に働く同室の同僚からも、高畑から罵詈雑言を浴びせられたという話を聞いています。

本山弁護士　そうでしたか。それでは、次の、延長後の試用期間満了時には、あらためて本採用拒否を通知することにしましょう。

古目社長　よろしいのですか？そうであれば、最初の試用期間満了時でも同じだったのではないですか。３カ月を無駄にしてしまったのではないですか？

本山弁護士　いえ、それは違います。

最初の試用期間満了時には、それまでに高畑さんに対して何も注意指導を行っておらず、改善の機会も与えていませんでしたから、本採用拒否をするにしても、合理的な理由がないと反論される危険がありました。合理的な理由なく行った本採用拒否は違法無効となり、その場合、高畑さんに辞めてもらうことはできません。

労働者側から、労働審判や訴訟などで将来争われることまで見越して、反論に堪えられる本採用拒否をするために、この３カ月間は必要でした。古目社長をはじめ、社員の皆さんもよく頑張ったと思います。

古目社長　ありがとうございます。それでは、先生のアドバイスに従って、延長後の試用期間満了時に、本採用拒否を通知します。

本山弁護士　本採用拒否は、法的には解雇を意味しますので、労働基準法における解雇についての手続を守らなければなりません。

具体的には、試用期間満了日の30日前までに本採用拒否の予告をしなければ、その不足する日数に相当する平均賃金を、解雇予告手当として支払う必要があります。今回は、１回目の試用期間満了時と違って、時間的な余裕がありますから、しっかりと本採用拒否の予告通知書を作成して対応しましょう。

○年○月○日

高畑　太郎　殿

株式会社古目樫出版

代表取締役社長　古目　樫男

試用期間満了予告通知書

このたび、貴殿の試用期間が満了するにあたり、当社にて検討した結果、下記のとおり、正社員としての本採用を見合わせ、雇用契約を終了することとなりましたので、その旨通知致します。

記

1．試用期間終了日　　○年○月○日

2．本採用を行わない理由

………（略）………

本山弁護士　本採用を行わない理由としては、「正社員としての適格性を欠く」という結論とともに、会社でこれまでに行ってきた書面による注意指導にもかかわらず改善の余地のないこと、試用期間を延長して改善の機会を与えたにもかかわらず変化がないことを記載してください。

その後、古目社長は、本山弁護士のアドバイスのもと、１カ月前に予告通知を行った上で、延長後の試用期間満了を理由に、本採用拒否を行うに至った。案の定、高畑氏は、古目社長に対して、「自分の能力は低くない」、「これまで長年の経験のある自分を正社員にしないのは会社の判断がおかしい」等と発言し、最後に「弁護士に相談して戦う」と捨て台詞を残していった。

数日して、高畑氏の代理人を名乗る弁護士から、会社宛に内容証明郵便が送られてきた。

古目社長　予想していたとおり、高畑から内容証明郵便で通知書が送られてきました。通知書の内容を見ると、相手方の弁護士がいかに高畑の言うことしか聞いていないかがよく分かります。

本山弁護士　労働者側で労働問題を取り扱っている、労働問題に強い弁護士であっても、当事者の一方の代理人である弁護士が自分の依頼者側の意見しか聞けないことは当然です。弁護士間で協議をしていきますので、あまり熱くならずあとは私に任せてください。

弁護士会館の一室にて、本山弁護士と亀島弁護士の協議が始まった。亀島弁護士は、労働者側の立場で労働問題を手掛ける弁護士である。どんな小さな会社に対する不服も逐一聴取し、会社に権利主張することで、労働組合からの信頼を得ている。

亀島弁護士　私の依頼者の高畑さんは、同業界での十分な経験を持っており、前職、前々職でも立派に職責を果たしており、業務遂行能力や態度について指摘を受けることはありませんでした。

したがって、今回のことは、会社の注意指導や教育が足りなかったことが原因ではないでしょうか？　途中で、試用期間を延長していますが、入社当時からきちんと教育をし、会社独自のやり方等があるであれば、しっかりと教えてもらわなければ、高畑さんが十分に能力を発揮できなくても仕方ありません。

不十分な教育のもとに、高畑さんばかりを責めて本採用をしないのは不当解雇です。

本山弁護士　なるほど、先生は高畑さんからそのように伺っているのですね。実際に会社が指摘している点は、先生のおっしゃる内容とは少しずれる気がするのですが…。ところで先生は、会社から出している注意指導書、試用期間延長通知書等の書面は見ていらっしゃいますか？

亀島弁護士　いえ、そのような書類があったのですか？　もしよければ、送っていただくことはできますか？

本山弁護士　だから話がかみ合わなかったのかもしれませんね。それでは、事務所に帰ったらすぐにお送りしますね。そちらを見て再度協議させていただけますでしょうか。

会社としては、試用期間延長するに至るまでに注意指導が不十分であった点について責任を感じており、退職を前提とした金銭解決であれば、一定額の解決金を支払う用意があります。しかし、復職に固執されるのであれば、話し合いによる解決は難しいと思いますが、先生のご見解はいかがでしょうか。

亀島弁護士　私のほうは、依頼者からご相談を受けたばかりで、まだ解決策についてのすり合わせまでは行っていません。しかし、高畑さんも、どうしても復職を求めているという感じではありませんでした。

この後いただく資料も参考にしながら、高畑さんとも今後の方針について調整しておきます。

労働者側の相談を受けるとき、労働者が自分にとって都合のよいことだけを弁護士に伝えることは、意図的であるにせよ、無意識であるにせよ、よくあることだ。常日頃から顧問弁護士として関与している会社側の相談であっても、トラブルが起こってから突然持ち込まれるケースも少なくはないのだから、これまでの人間関係などがなく突発的に相談が来る労働者側の相談であれば、なおさら事実関係の把握はすぐには難しいのではないだろうか。

本山弁護士は早速、会社が行った試用期間延長から書面による注意指導、試用期間満了の予告通知までの流れを丁寧に説明した書面を作成し、合わせて、それぞれの証拠の写しをとって亀島弁護士の事務所に送った。

その数日後、亀島弁護士から本山弁護士に電話で連絡が来る。

亀島弁護士　先日はお時間をいただき、ありがとうございました。私のほうで、事実関係を聞き切れていないところもあったので、お送りいただいた書面は、次のご相談のとき大いに参考にさせていただきます。

本山弁護士　対面交渉のときも申し上げましたが、会社としても初回の試用期間中に注意指導、教育が不足していたことは否めないと考えていますので、一定額の解決金をお支払いし、退職を前提とした合意による解決を考えていますが、いかがでしょうか？

亀島弁護士　高畑さんとしても、復職に強いこだわりがあるとは聞いていません。見せていただいた資料によると、高畑さんが私に話していたよりは、会社もしっかりやっているなというイメージですが、あとは解決金の金額次第なのではないでしょうか。

本山弁護士 おっしゃるとおり、初回の試用期間中の注意指導が足りていなかったのを私が知ってからは、厳しくアドバイスをし、延長後の試用期間中は、高畑さんには十分な改善の機会を与えています。

解決金が高額になる場合には、会社としても徹底抗戦と言い出すかもしれません。延長を一度したとはいえ、高畑さんは入社してからまだ日も浅いでしょうから、株式会社古目樫出版にこだわるのではなく、早く良い会社を見つけて転職されたほうがダメージも少ないのではないでしょうか。

弁護士間の電話での話し合いが終わると、本山弁護士は矢継ぎ早に、次は古目社長へ電話をした。

本山弁護士 亀島弁護士とお話をしたところ、明言はしませんが、高畑さんのお気持ちは、復職を目指さず解決金をもらって退職したいという方向に傾いている可能性が高いのではないかと思います。あとは解決金の金額次第ですが、率直な話、どの程度であればご用意いただけますか？

古目社長 「どの程度」といわれても、私も素人ですから、なかなか一般的な水準も分かりません。先生にお任せしますから、できるだけ安い金額でまとめてもらえませんか。

本山弁護士 一般的には、労働審判や訴訟での話し合いとなると、「月額賃金の○カ月分」といった形で解決金を決めることが多いです。今回の場合、試用期間内で雇用契約を終了していることから、入社から6カ月と勤続年数は短めです。

「月額賃金の6カ月分」以上の解決金を払うと、給与が倍額になったに等しいですから、そこまではいかないでしょう。

古目社長 全く利用価値のなかった人材に、あと6カ月分などとんでもないです。月額賃金で考えるのであれば、出せてせいぜい1カ月分です。

本山弁護士 お考えは分かりました。和解がまとまる場合、以前にも解説したように、「本採用拒否」は法律上解雇を意味しますから、「解雇された」という事実が残ることを高畑さんが嫌がるかもしれません。この場合、解雇を撤回して、解雇日と同日で自主退職してもらう、という内容で合意することがよくあります。

解雇ではなく自主退職となることで、雇用保険（失業手当）の関係では少し労働者にとって不利になりますが、「解雇された」という事実が残らないほうがよいという労働者も少なくありません。亀島弁護士も明言はしませんでしたが、高畑さんは次の転職先を見つけているのではないでしょうか。そうだとすれば、雇用保険（失業手当）についても、あまり問題ではありません。

古目社長　承知しました。あとは先生にお任せします。

再度の亀島弁護士との協議の席上で、本山弁護士は、古目社長の提案する 1 カ月分よりさらに低い金額の解決金の提案からはじめた。しかしながら、亀島弁護士も高畑さんの説得には苦心したようで、 1 カ月分を超える金額でしか解決ができないとのことであった。

最終的な和解内容は、解雇（本採用拒否）を撤回して、同日付で自主退職とし、解決金として 1.5 カ月分を支払うという内容となった。

もし、古目社長が、本山弁護士のアドバイスを聞かず、 1 回目の試用期間満了時に、「試用期間は『お試し期間』だ」という甘い考えのもとに本採用拒否していたとしたら、解決金はもっと高額になった可能性がある。むしろそのような場合には、解決金を支払って退職してもらうという解決自体が困難となり、古目社長は高畑さんを雇い続けなければならなかったかもしれない。

6．セクハラ　解雇

～セクハラ社員を解雇すべきか否か？　それが問題だ！

株式会社久留米商事は、従業員約500名の多くが女性であり、ブランドファッションの販売を中心に業務を行っている。グループ本社の会長、久留米則子が創業したアパレル大手の上場企業、久留米ホールディングス株式会社の100％子会社である。

株式会社久留米商事の会議室。西園さくらは、総務部長の飯干翔に打ち明けていた。

西園　飯干部長、この前「セクハラは許しません！」というポスターを掲示しましたよね。そこに「これもセクハラです！」っていろいろ例が載っていました。それを見てはじめて、自分が受けているのはセクハラだって気が付きました。そのポスターに「会社に相談してください。秘密は守ります」と書いてあったので、勇気を出して相談しました。

西園は、彼女に対する色恋好夫（いろこい・すきお）のセクハラの事実を語り始めた。

西園　色恋課長のセクハラにはもう耐えることができません。色恋課長の奥さんもうちの会社の社員で育児休業中です。奥さんのことを考えると言えなかったんですけど、もう、やっぱりだめなんです。

セクハラ研修等も開催し、会社にセクハラは存在しないものと信じ切っていただけに、飯干部長は目の前が真っ暗になった。

西園から相談を受けた当日、飯干部長は、ヴィクトワール社会保険労務士事務所の矢部社労士を訪ねていた。

飯干部長　先生、どのように対応したらよろしいでしょうか？
矢部社労士　まずは、事実関係の調査です。被害者も相当まいっていますので、早急に事態を収拾し解決を図るべきです。まずは社内で、本人と他の女性にヒアリングを実施してください。明日、明後日でやってしまいましょう。ヒアリングは、総務の女性２人が対応するのが良いですね。１人が話を聞いて、１人が記録してください。その際、いつ頃、どこで、どんなことをという風にできるだけ具体的に聞いてください。
飯干部長　上手くできるでしょうか？
矢部社労士　分かりました。では、事前に本人に自筆で書いてもらう用紙を準備するのはいかがでしょう？
飯干部長　よいですね。ありがとうございます。

矢部社労士は、「本人申告シート」を飯干部長に手渡した。①面談内容は秘密とすること、②関係者への開示は本人の許可を得ること、③面談内容により本人の不利益にならないことを約束することも記し、さらに、④時系列でできるだけ具体的、詳細に記載してもらうことをお願いしたシートであった。

飯干部長は、色恋課長に対してどのように対応したらよいか矢部社労士に尋ねた。

矢部社労士　色恋課長に対しては、即座に「出勤停止命令」を出してください。セクハラ案件の際、もっとも優先順位が高いのは、セクハラ被害者を守ることです。即座に被害の拡大を防ぐ必要があります。
また、被害者の可能性がある女性の方々からヒアリングを始めると、色恋課長の知るところとなります。そうすると、隠蔽工作や報復が始まることも十分考えられます。
　会社が行うべきことは、こうしたことから被害者の女性を守ることです。

　矢部社労士の語り口は、飯干部長の曇った思考を氷解させた。

矢部社労士　被害者からのヒアリングを２日程度で終えたら、加害者疑いの本人からもヒアリングしなければなりません。弁明の機会も付与しなければなりません。

　飯干部長は会社に戻り、２日をかけて10人の女性にヒアリングを行った。飯干部長の想像を超えた色恋課長の言動が明らかになった。

　２日後、飯干部長は、再度、矢部社労士のもとを訪ねていた。今度は、株式会社久留米商事の久留米太郎社長と一緒である。

飯干部長　先生、たいへんお恥ずかしいですが、想像以上でした。ご覧ください。

　飯干部長は、ヒアリングを行った10人の女性のレポートを矢部社労士に手渡した。

名　　前	A子（販売部　正社員　21歳）
いつから？	３年前、私が入社した頃から。最近３カ月は毎日のように触られています。
場　　所	倉庫、事務所、レジカウンターなど。倉庫に在庫を取りに行くときなど私が通るたびに触られます。周りに人がいないか確かめながら触っています。
内　　容	誰もいないときに、髪を触ったり、うなじから洋服の中に手を入れて触ります。 　スカートの時にスカートの中に手を入れて太ももや足の付け根を触ります。

内　　容	ズボンをはいているときは、ズボンの隙間から手を入れて直接お尻を触られたことがありました。 すごく嫌で、色恋課長と同じシフトのときは恐怖でした。 色恋課長が来ると触られないように別の話をしたりするようにしましたが効果ありませんでした。 「やめてください」と言ったり、手を振りほどいたりしましたが、やめてくれませんでした。そのとき「主任になりたければ分かってるよね？」と言われました。 レジカウンターで締め作業をしていたら、後ろから腰に手を回されて、うなじにキスをされました。「会社じゃ落ち着かないから続きはホテルで」と言われました。 色恋課長の奥さんは元うちの会社で、仲がいいので、家庭を壊したくないと思いがまんしていました。

名　　前	B子　(販売部　契約社員　20歳)
いつから？	1年くらい前から
場　　所	レジのカウンター、事務所、倉庫
内　　容	洋服の中に手を入れてきました。 ズボンの下着の中に直接手を入れてきました。 お尻や太ももを直接触ってきました。 手をつないできました。 大きい声で「やめてください」と言えないので、小声で抵抗しました。でもやめませんでした。 すくんで声が出ないこともありました。 2人だけで働くことが怖いです。 事務所の中でA子さんを触っているのを見ました。 色恋課長の行為に同意したことはありません。

名　　前	C子　(販売部　アルバイト　19歳)
いつから？	今年の新年会
場　　所	居酒屋○○

内　　容	新年会で、色恋課長が私の隣に座り、腰に手を回してきた。 その後、色恋課長が私の膝の上に乗ってきた。D太郎さんとE男さんが注意をすると、色恋課長は怒り、D太郎さんの胸をたたいた。E男さんが止めようとすると、色恋課長は、E男さんもたたいた。

飯干部長は、レポートに加え、監視カメラの映像も矢部社労士に見せた。色恋課長がレジカウンターで作業しているA子の腰に手を回し、A子がそれを振りほどこうとしている映像である。

矢部社労士　言語道断。鬼畜の所業ですね。厳罰を下す必要があるでしょう。
久留米社長　まったく同感です。クビにしたいのですが、昨日、グループ本社とテレビ会議をしたところ、そうもいかないのです。
矢部社労士　「解雇は難しい」と言われたんですね？
久留米社長　そのとおりです。グループ本社の顧問社労士の意見ではこの案件で解雇は難しいとのことでした。停職処分、降格処分などが相当じゃないかということでした。グループ本社の取締役も保守的な意見でした。
矢部社労士　まあ、凡庸な意見ですね。グループ本社の久留米則子会長も同じ意見なのですか？
久留米社長　いえ、会長の意見ではないようです。会長なら「即、クビ」と言うでしょう。常々「私たちの会社は女性が支えている」と公言されている方ですから。
矢部社労士　ところで、久留米社長、あなたの意見はどうなんですか？　法律が関係ないとしたらどう考えますか？　あなたのお子さんに胸を張って答えられる意見はどうでしょう？
久留米社長　もちろん、クビです。うちの会社は女性の活躍で成り立っています。みんな仕事が大好きで入社してきているのです。それなのに、立場を利用して卑劣なことをするなんて許せるわけがありません。

久留米社長は、それまでの曇った顔にみるみる生気が宿り始めて雄弁に語り始めた。創業者会長の理念や 10 年前に創業してからの会長との様々な困難な道のり、久留米太郎氏が社長になったいきさつ、哲学などを。

矢部社労士　色恋好夫の行為は、刑法 176 条の強制わいせつ罪に該当します。６月以上 10 年以下の懲役です。刑事責任を問われます。ズボンに手を入れてお尻を直接触った行為は明らかにこれに該当します。民事上の責任も当然発生します。セクハラ行為が損害賠償を発生させる違法性を有しているかどうかは、「社会通念上許容される限度か否か」によりますが、ズボンに手を入れる行為ひとつ取り上げても強制わいせつ罪に該当する行為ですので、当然に違法です。
久留米社長　ですよね！
矢部社労士　Ｄ太郎氏、Ｅ男氏の胸を叩いた暴力行為も刑法 208 条の暴行罪に該当します。
久留米社長　なるほど。
矢部社労士　会社は、色恋好夫が行った行為について使用者責任又は安全配慮義務違反による損害賠償責任を負います。また、職場におけるセクハラ防止に関する雇用管理上必要な措置をとらなかったとして男女雇用機会均等法上の責任を負います。セクハラ、強制わいせつ行為による被害者から加害者に対する損害賠償責任は、会社も連帯してその責任を負うことになります。
久留米社長　社員の責任は、会社の責任ということですね。
矢部社労士　そういうことです。民法 715 条２項の代理監督者責任、会社法 429 条１項の取締役の第三者責任の可能性があります。
久留米社長　重い責任を負うんですね。

矢部社労士は、レポートにある色恋課長のそれぞれの行為が法律的にどういった罪に該当するか、それに対する様々な責任、損害賠償などについて、詳細に説明を加えた。

矢部社労士　久留米社長、どうしたいですか？
久留米社長　クビにしたいです。
矢部社労士　飯干部長は？

飯干部長　もちろん、私も同じです。

矢部社労士　では、決まりですね。解雇ですね。

飯干部長　グループ本社を説得するにはどうしたらいいでしょうか？

矢部社労士　では、今、申した私の意見を「意見書」として文書に取りまとめてメールしますので、グループ本社に提出してください。あとは、社長のお仕事です。ね、社長。

久留米社長　もちろんです。お任せください。

矢部社労士　加害者が弁護士をつけて不当解雇で争ってくることも十分予想されます。しかし、ときにはリスクを覚悟で戦わなければならない時もあります。

上場企業だから体面を気にするのはよく分かります。しかし、これは事情が違います。「臭いものに蓋をすること」が一番よくないのです。不当解雇で負けて数百万、数千万ドブに捨てたとしても、従業員は、「それくらい、私たちが稼ぎますよ！」って言うんじゃないですか？

久留米社長　そのとおりです。正義が通らない会社なんていりません。

矢部社労士は、類似の裁判例、強制わいせつ行為を中心としたセクハラに関する判例をまとめ、どのような処分が相当であるかの社労士としての見解を述べた文書を作成し、久留米社長に送った。

グループ本社も矢部社労士の「意見書」と久留米社長の意見により、色恋課長が退職勧奨に応じることがなければ、解雇する方向性であることを決定した。

色恋課長について、会社で様々な調査を行った。その結果、セクハラ行為のみならず、勤怠不良、素行不良、金銭トラブルなど会社員としての適格性を疑う事実も多数浮上した。

後日、色恋課長に対するヒアリング、弁明の機会が与えられ、懲罰委員会が正式に開かれた。色恋課長は、あいまいな回答に終始しながらも、被害者から申告のあったセクハラ、わいせつ行為、暴行行為などについて認めた。認めた内容に関する間違いないことを記した文書に署名捺印も行った。

弁明の機会では、「人間として弱かった」と発言し、「会社を辞めたくない」旨のお願いを繰り返していた。そして、「『退職勧奨』には応じたくない」と言った。その結果、会社は「普通解雇」を行った。

矢部社労士は、「色恋課長は弁護士を雇い内容証明を送ってくるだろう」と久留米社長、飯干部長に伝えていた。

１カ月後、予想どおり、会社宛てに内容証明が届いた。

○年○月○日

株式会社久留米商事
代表取締役　久留米　太郎　殿

毛利法律事務所
弁護士　毛利　六太郎

受任通知書

当職は、色恋好夫氏から委任を受けた弁護士ですが、色恋好夫氏の代理人として、以下のとおり通知致します。

貴社は、○年○月○日付で色恋好夫氏を解雇しておりますが、その解雇理由が定かではありません。また、これまで色恋好夫氏を注意・指導することなく、突然解雇を言い渡しており、この点からも、本解雇は無効と言わざるを得ません。

つきましては、○年○月○日までに解雇理由証明書を提示ください。また、解雇を撤回していただくとともに、速やかに色恋好夫氏を職場復帰させることを要求いたします。

矢部社労士は、株式会社久留米商事に本山守弁護士を紹介し、同社は同日、顧問契約を締結した。

矢部社労士は、色恋課長の会社員としての不適格性を示した「解雇理由証明書」を作成した。矢部社労士は、「解雇理由証明書」を作成するにあたり、色恋課長を詳細に調査する過程で、横領の決定的な証拠を入手した。

後日、本山弁護士は「従業員地位不存在確認請求」の訴訟を提起した。通常、労働裁判は、従業員側から訴訟提起するものだが、会社側から解雇が正当であることを提起するものだ。本山弁護士も矢部社労士に負けじと、訴状を用意し、訴訟に臨んだ。

裁判は、最初から相手側の毛利弁護士が戦意喪失していた。裁判は、強制わいせつ行為、暴行行為に加え、横領行為などの事実により完全に会社側の勝利に終わった。横領した数百万円を色恋課長が会社に支払う義務があることも確認された。

後日、セクハラ・パワハラ研修は、定例化された。ヴィクトワール社会保険労務士事務所の労務管理整備の様々なプログラムにより、グループ全体が働きやすい会社へと変貌していた。

どんな小さなセクハラやパワハラも見逃さないという久留米社長と飯干部長の意気込みは全社に伝わり、スタッフの仕事に対するモチベーションの上昇をもたらした。その結果、その期の株式会社久留米商事は、過去最高益を記録した。

7．競業避止義務　訴訟

～社員を大量引き抜き！　差止請求したら残業代請求によるカウンターパンチ!!

鷲我不動産株式会社は、収益不動産の販売業を営む株式会社である。鷲我不動産を退社した営業職の社員の浦桐達雄（うらぎり・たつお）が、会社を起こして、鷲我不動産と競業する「株式会社浦桐不動産」という会社を設立し、同じ都内で収益不動産の販売の営業活動をしていることが発覚した。さらに浦桐は、かつての直属の部下に対して「自分についてきてくれないか、君の力が必要だ」などという引き抜きを行って、社員数20名の鷲我不動産から3名の営業職員を株式会社浦桐不動産に転職させた。

鷲我不動産の鷲我正義（わしが・まさよし）社長は、激高して、けいま法律事務所に相談にきた。

鷲我社長　先生、大変です。長年目をかけてきた浦桐から裏切られました!!

大川弁護士　何があったのですか？

鷲我社長　私の会社は、今年で5期目を迎えるのですが、浦桐はそのときから私についてきてくれた、まさに私の右腕でした。対外的にも、私に代わって顧客対応できたし、社内の労務管理や給与体系も浦桐に任せている状況でした。もちろん、それに見合う待遇は与えており、彼の年収は500万円以上ありましたよ。

ところが、その浦桐が、あるとき、「この会社は、僕が1人でオペレートしていますよね」「土日も返上して長時間働いています」「それなのに、社長は給料を多く取り過ぎていませんか」「丸投げなのに、逐一報告しなければ怒られるのも疲れました」などと突然私に噛みついてきて、口論になったのです。

そのようなことがあり、ここ半年は口も聞かない状態でした。

大川弁護士　トラブルが起こる予兆ですね。

鷲我社長　そうなんです。すると、２カ月前に、突然、浦桐君が退職したいと言い出したのです。東北の実家の商売を手伝うとか言ってたかなあ…。もう、口も聞いていない状態だったので、「好きにすればいい」と言って退職させたのです。

すると、そこから、「浦桐さんが退職するのであれば、私も退職します」などと言い出す社員が何名か現れました。

本当は戦力ダウンになり非常に痛手でしたので、説得してでも引き留めるべきでしたが、「浦桐」の名前を引き合いに出されると、私もカーッとなって、「お前たちも浦桐みたいに不義理を働くのか」「そんな不義理な人間はいらん」「勝手に辞めたらよい」などと罵倒してしまったのです。

大川弁護士　それはいけませんね。もう過ぎたことを言っても仕方ありませんが、従業員が退職を口にしたとき、どのように向き合うかによって、その後の労働トラブルが回避できることもあります。

鷲我社長　今振り返るとそのとおりです。私は冷静ではなかったのです。

結局、浦桐以外も３名の営業職員が退職しましたが、皆、バラバラに再就職しているものと思い込んでしたのです。

ところが、先週、弊社のお客様のところに訪問した際に、「御社の元社員の浦桐さんが東京で収益物件の販売の会社を立ち上げたみたいですけど、社長はそのことを認めたのですか」と言われたのです。その後、慌てて、お客様何社かにそれとなく情報収集したところ、浦桐が先月「株式会社浦桐不動産」を立ち上げたこと、その業務内容は弊社と同じく収益不動産の販売であること、弊社を退職した３名の営業職員が浦桐不動産で働いていることなどの情報を得ることができました。本当に許せません !!

鷲我社長はよほど悔しかったのか、このように話しながら、みるみる顔を真っ赤にして、机を何度もバンバン叩いて、最後の「本当に許せません !!」は事務所に響き渡る大声になっていた。

大川弁護士　まあまあ、お気持ちは分かりますが、興奮せずに冷静に対策を考えましょう。

鷲我社長　先生!!　私は株式会社浦桐不動産なんて会社が存在していること自体、許しがたいと考えています。株式会社浦桐不動産や浦桐を社会的に抹殺することはできませんか？

大川弁護士　抹殺…穏当ではない表現はやめましょう…。

抹殺かどうかはさておき、退職後の社員の「競業行為」への対応について、簡単に説明しましょう。

(1)　就業規則、あるいは個別労働契約等に競業避止条項が入っており、かつその定めが判例上「有効」と認められる場合
⇒差止請求、退職金減額請求、債務不履行に基づく損害賠償請求

(2)　就業規則、あるいは個別労働契約に競業避止条項が入っていないか、あるいは入っているが判例の基準に照らし「無効」となってしまう場合
⇒不法行為に基づく損害賠償請求

大川弁護士は、ホワイトボードに上記のように記載して、退職後の社員の「競業行為」に対して、鷲我不動産が取り得る法的手段について説明した。

大川弁護士　法的な立て付けは以上のとおりになります。

御社の就業規則を拝見しましたら、一応、競業避止条項はありますね。

このホワイトボードで書いた (1) のパターンに該当しますので、差止請求、退職金減額請求、債務不履行に基づく損害賠償請求をそれぞれ検討することになります。

鷲我社長　なるほど、分かりやすく説明していただき誠にありがとうございます。

弊社の就業規則にも競業避止条項があったのですね。初めて知りました…。

それでしたら、株式会社浦桐不動産を社会的に抹殺できるのですね!!

大川弁護士　(…また抹殺って言った…話聞いているのかな…)

落ち着いて聞いてください。競業避止条項があるからと言って、勝てるとは限りません。御社と浦桐さんとの労働契約書も拝見しましたが、そこには競業避止条項はありませんし、特に競業避止をうたった誓約書もなさそうです。

鷲我社長　…それは…浦桐のことを信用していたので…。

大川弁護士　賃金台帳を拝見すると、浦桐さんには、部長手当として月額５万円を支給していますが、競業避止に関する手当は何も支給していませんね。

鷲我社長　部長手当というのは、そのような競業行為も禁止する趣旨で与えていました。

大川弁護士　いや、就業規則にも賃金規程にも労働契約書にもそんなことは書いていませんよ。労働契約書に「部長手当　５万円」と記載されているだけで、その手当の趣旨は何も書かれていないし、賃金規程には、そのような役職手当のことが何も書かれていません。

鷲我社長　先生、部長が会社を裏切ったらいけないなんて、書かなくても当たり前ですよ。

大川弁護士　それでも、賃金規程に書かないといけません。会社や社長の当たり前が、労働者の当たり前とは限りません。労働トラブルを回避するためには、誤解がないように明記することが肝要です。

鷲我社長　…納得できませんが、先生がそのように言うのであれば、一応聞きましょう。続けてください!!

大川弁護士　（…この社長と信頼関係を築けるか不安だ…）

では、競業行為に対して、差止請求、損害賠償請求などができるか説明いたします。

競業避止条項については、それが労働者の職業選択の自由を制限することとなるものであることから、判例上無限定に認められるものではなく、「①退職後の競業避止の必要性」「②社員の退職前の地位・職務」「③競業禁止の期間的、職種的、地域的範囲の制限」「④代償措置の有無・程度」等を総合考慮し、労働者の職業選択の自由を不当に害するものでないと認められてはじめてその有効性が肯定されます。

今回ご相談の件は、そもそも競業避止の合意が認定されるかも微妙な上、④の代償措置も不十分であると評価される可能性が高く、競業避止条項を根拠として戦うのは難しいように思えます。

鷲我社長　先生は労働者の味方なんですか…。それでは、会社は何もできない、泣き寝入りということですか⁉　辞めた社員は何をしても許されるのですか⁉

大川弁護士　そうではありません。会社の顧客名簿を利用した場合については、判例も違法な営業活動であると認定する傾向が強いです。たとえば、過去の裁判例（※）も同様の判断をしています。

本来的には会社の顧客名簿は内部的な資料であり、また同業他社に就職していた場合に当然に身につけられる知識でもない会社固有の財産であるという点が重視されているのです。

※カナッツコミュニティ事件―東京地判平23・6・15

鷲我社長　それでしたら、勝てますよ。彼らは、きっと顧客名簿を利用して営業しているのに間違いありませんから。

大川弁護士　そのことは、何か証拠で証明できますか？

鷲我社長　う～ん…。証拠と言っても…そんなものはないですよ。

顧客名簿なんて、ファイルに綴じて、誰でも見れる場所に置いていますから。防犯カメラでも設置しておけばよかったかなあ…。

大川弁護士　それでは、浦桐さんらが顧客名簿を利用した、という事実そのものを証明することができず、先ほど紹介した判例のようには勝てないでしょうね。

鷲我社長　それでは、浦桐が、弊社の退社した営業社員３名を引き抜いたことはどうですか？　在職中の社員から聞いた噂によると、浦桐君は退職後その営業社員３名と飲み会を開いたようですが、その際に、「自分についてきてくれないか、君の力が必要だ」などという引き抜きを行って、この３名を連れて行ったようです。こんなことは商道徳的にも許されることではないですよね‼

大川弁護士　いえ、重ね重ね言いにくい話ですが、退職後の社員の引き抜き行為については、裁判例は比較的寛容なのです。

社員の引き抜き行為を禁じる明示的な特約があった場合ですら「何らかの利益供与を約して勧誘するなど、特別の手段・方法による強力な働きかけをした場合」のみ禁止されるとする裁判例も存在するほどです。たとえば、「総合行政調査会事件－東京地判昭59・11・28」がこのような判断を下しています。

結局は、退職した社員の地位や、引き抜きの計画性、方法の相当性や、会社に与える影響の大きさなどの考慮することになります。損害賠償請求が認められる余地もないとは言えませんが、必ずしも容易ではありません。

鷲我社長　いやいや。先生の話は、弱気な発言ばかりで、勝とうという意志を感じません!!

裁判をしてみないと結果は分からないではないです!?　私もネットの記事を調べましたが、勝てるという意見も見かけましたよ。とりあえず、裁判をしたいのです!!

会議室では、しばらく沈黙が続いた。大川弁護士は終始考え込みながら、鷲我社長から怒りを買うことを覚悟のうえで、意を決して次のように切り出した。

大川弁護士　それはどうでしょうか。私は、別の視点から懸念していることがあります。

浦桐さんは「土日も返上して長時間働いている」と話していたのですよね。何時間くらい残業をさせていたのですか？

鷲我社長　毎月、150時間は残業していたのではないでしょうか。この業界では普通ですよ。それが何か関係あるのですか？

大川弁護士　賃金台帳には残業代の支払いがないようですが…。こちらが競業行為を理由に裁判を起こせば、浦桐さんらから、残業代請求を受けないか心配です。

鷲我社長　先生!!　私の話をしっかり聞いていましたか？

浦桐には部長手当として5万円を支給していたんですよ。管理職は残業代なんて発生しないでしょう!!　お言葉ですが、先生はまだ若い!!　労働法の勉強をし直した方がよいですよ!!

大川弁護士　いいえ。逆にお言葉を返すようですが、150時間相当の残業代を考えると、5万円の部長手当では十分な金額とは言えません。また、「丸投げなのに、逐一報告しなければ怒られるのも疲れました」という浦桐さんの言葉から、浦桐さんに相応の権限や裁量があったかも疑問です。

鷲我社長　何が言いたいのですか？

鷲我社長は大川弁護士を睨み付けた。

大川弁護士　浦桐さんは残業代の発生しない「管理監督者」には該当せずに、残業代の支払いが必要となる可能性が高いということです。

大切なことなので繰り返しますが、こちらが競業行為を理由に裁判を起こせば、浦桐さんらから、カウンターパンチで残業代請求を受ける可能性が高いです。競業行為の責任を追及する裁判で負けて、残業代請求でも負けて、目も当てられない結果もあり得るのです。

鷲我社長は、再び顔を真っ赤にして、机を何度もバンバン叩いて、「やる気がないのなら、もう結構です。そんな弱気な弁護士はこちらから願い下げです。別の法律事務所に相談します!!　ベテラン弁護士の方が信用できる!!」と大声で怒鳴って、けいま法律事務所を後にした。

大川弁護士　良薬は口に苦し。どうして、そのことが分からないのだろうか…。

後に残った大川弁護士は、残念そうな表情で、このようにつぶやくしかなかった。

後日、鷲我社長は、泉尾法律事務所の毛利六太郎（もうり　ろくたろう）弁護士に依頼した。毛利弁護士は、齢70歳、弁護士歴40年の大ベテラン弁護士であり、泉尾法律事務所を１人で経営している。毛利弁護士は、弁護士会から５度の懲戒処分を受けており（事件放置、委任契約書の不作成、事件の見通しの説明懈怠等により、いずれも戒告処分）、どんな敗訴確実の事件でも「勝てる!!」と豪語する問題弁護士。

訴訟戦術も、基本的には、依頼者本人が書いたであろう文章をそのまま準備書面に貼り付けているだけなので、裁判官から主張内容について質問を受けても、自分が書いた主張であるにもかかわらず「どういう意味やろうか。依頼者本人に聞かないと分からない」などと言う始末。

鷲我社長は、毛利弁護士からろくに勝敗の見通しも伝えられないまま、「そんな不義理な裏切り者には正義の鉄槌を食らわせます」「絶対に勝てますから、私にお任せあれ」という威勢のいい言葉を真に受けて、毛利弁護士に依頼した。大川弁護士が、鷲我社長や鷲我不動産のためを思って、過去の裁判例や証拠関係に基づく客観的な意見を述べたにもかかわらず、これを無視して、自分の耳に聞こえの良い毛利弁護士の助言どおりに動いたのある。

その後、毛利弁護士は、浦桐不動産に対して、「禁止された競業行為であり直ちに収益物件の販売業から撤退されたい」「1000 万円の損害賠償を請求します」「請求に応じない場合は直ちに訴訟提起する」などと記載された警告書を送りつけた。その警告文では、浦桐のことを「不義理」「恥知らず」呼ばわりし、徒に浦桐の感情を逆なでするものであった。

すると、浦桐不動産にも代理人として岡島弁護士が就き、回答書が送り返された。

浦桐不動産の岡島弁護士の回答書は、鷲我不動産の請求に応じられないこと、鷲我不動産が訴訟を提起した際には浦桐らも残業代請求を検討せざるを得ないこと、などが記載されていた。

毛利弁護士は、鷲我社長に対して、ろくに訴訟の勝敗の見通しやそのリスクを説明しないまま、「管理職は残業代を支払わなくてもよいのは常識だ」「こちらから訴訟をしかければ、浦桐不動産は、すぐに恐れをなして、会社をたたむでしょう」などと威勢のいい言葉を並べて、訴訟を提起してしまった。

訴訟提起がなされた後、裁判期日は毛利弁護士だけでなく鷲我社長も出頭していたのであるが、このような威勢のいい言葉とは裏腹に、裁判官や岡島弁護士からの質問や反論に対して、毛利弁護士は、ちぐはぐな回答や素人のような情緒的な人情論ばかり語るだけで、序盤から戦況は芳しくない状況であった。

鷲我社長　毛利先生、先ほど、裁判官からかなりきつい質問を受けていましたが、本当に勝てるのですか？　あの強気な先生はどこにいったのですか？
毛利弁護士　大丈夫、大丈夫。裁判官や岡島弁護士を油断させる作戦ですから。もう少ししたら、形成は逆転しますよ…。

鷲我社長　それならば、いいのですが…。あと、先生が書いていただいた準備書面ですが、私のお伝えした話とかなり違うのですが、大丈夫ですか？
毛利弁護士　あれ？　本当ですか？　あれは別の事件のことやったかなあ…。
鷲我社長　…。

このような状況になると、毛利弁護士の悪い癖が出てくる。
依頼者から都合の悪い質問が来そうになると居留守を使い、何週間も折り返しの連絡をしなくなるのである。
鷲我社長も不安になり、何度も泉尾法律事務所に電話をするが、事務員が「毛利はただいま留守にしておりまして」「毛利から折り返しお電話させていただきます」と伝えられるだけで、毛利弁護士から折り返しの連絡はなく、何週間も連絡がつかない状況になった。
そのような状況の中、鷲我不動産のもとに、浦桐と退社した３名の営業職員から、残業代の請求を求める訴状が届いたのである。その請求額は、浦桐が1000万円、ほか３名が300～500万円。
鷲我社長は、慌てて、泉尾法律事務所に訴状をFAX送信し、毛利弁護士の助けを求めたが、あいかわらず、電話しても繋がらないし、折り返しに電話もなく、訴状が届いて２週間経っても、毛利弁護士と意見交換すらできない状況であった。
鷲我社長の不安や不信感はピークに達して、再び、大川弁護士のもとに相談に向かった。

鷲我社長　いつぞやは、大変失礼いたしました。
あのとき、先生は弊社のことを思い、親身になって助言していただいたことを今さらながら、ようやく理解することができました。弊社が苦境に立たされています。何とか助けてもらえないでしょうか!?
大川弁護士　でも社長。以前私が客観的な見通しをお伝えしても、「弱気だ」「やる気がない」などと苦言を呈されましたよね。
鷲我社長　…。
大川弁護士　ネット上の記事では、勝てると書いているから、私の見通しは間違っているとも言われました…。

鷲我社長　あのときは、私もカーッとなっていて、本当に失礼なことを申し上げました。

先生があのとき助言していただいたとおりに、会社にとって不利な展開になってきて、先生の見通しの方が確かであったと今さらながら理解するに至りました。

本当に、私の不徳の致すところです。心より反省しておりますので、何とぞ、弊社をお助けください。毛利弁護士に任せていると、会社はつぶされてしまいます。

大川弁護士　分かりました。ようやく、私の話を聞いてもらえる環境になったようですね。

「良薬は口に苦し」という言葉があります。私は、依頼者への説明義務を尽くすことが弁護士として誠実な対応と考えておりますので、たとえ、依頼者にとって聞きたくない不利な見通しも、丁寧にお伝えすることをモットーとしています。有利な事情、不利な事情、すべてを依頼者と共有したうえで、依頼者の意向を十分にくみ取り、最適解を依頼者とともに模索していくのです。

鷲我社長　分かりました。毛利弁護士は威勢のいい言葉ばかりで、少しもリスクを説明してくれませんでした。訴訟がはじまると、ドンドン悪い展開になっていくのです。「良薬は口に苦し」とはそのとおりですね。

大川弁護士　当事務所の方針についてご理解いただき、ありがとうございます。

それでは、本件の最適解について話し合いましょう。やってしまったことは悔やんでも仕方ありませんので、現状を客観的に分析して、できるところから進めていきましょう。

ただし、以前相談を受けたときより状況は極めて悪いと言わざるを得ませんので、できることには限界がありますこともご理解ください。

鷲我社長　はい。心得ております。それでは先生、よろしくお願いいたします。

代理人が交代した後、大川弁護士は迅速に動いた。

裁判の期日間に、岡島弁護士と連絡を取り、弁護士会の会議室で早期解決に向けた交渉を行い、岡島弁護士に対して、双方訴訟を取り下げて、双方金銭請求等を行わない、いわゆる「ゼロ和解」を提案した。

当初、岡島弁護士からは、「毛利弁護士が作成した書面に浦桐さんらの感情を逆なでする表現が多々あり、ゼロ和解は厳しい」「訴訟は優勢に進んでいるため、総額1000万円は支払っていただきたい」との厳しい回答を受けていた。

大川弁護士は、訴訟の序盤で早期に解決できないと最後まで徹底的に争うことになり解決まで1～2年はかかること、鷲我不動産の業績が悪化してきておりその間鷲我不動産がどうなるか分からないこと、不動産業界が狭い業界であるため円満解決によるメリットは浦桐不動産にもあることなど、粘り強く説得し、総額300万円まで譲歩を引き出すことができた。

大川弁護士は、鷲我社長に対し、訴訟の状況や証拠関係からすると、浦桐側の請求が全額認められる可能性が高く、総額300万円の和解は鷲我不動産に相当メリットがあることを説明し、鷲我社長の理解を得た。

こうして、鷲我不動産が浦桐氏に総額300万円の解決金を支払い、双方訴訟を取り下げる旨の和解が成立した。

後日、鷲我社長がけいま法律事務所にやってきた。

鷲我社長　先生、本当にありがとうございます。今後は二度とこのようなことがないように先生のご指導を仰ぎたいと思います。

大川弁護士　これから、課題が山積ですね。

①就業規則で競業避止条項を整備し直す、②労働契約書にも競業避止条項を入れる、③競業避止手当を創設する、④管理職手当も含めた賃金体系の見直しなど、やることがたくさんありますが、1つひとつ、改善を図っていきましょう。

まずは、今回の事件の発端となった競業避止について、「退職時秘密保持誓約書兼競業避止義務契約書」を渡しておきます。是非ともご活用ください。

鷲我社長　はい。ありがとうございます。

退職時秘密保持誓約書兼競業避止義務契約書

私は、○年○月○日付にて、一身上の都合により、貴社を退職いたしますが、貴社営業秘密に関して、下記の事項を遵守することを誓約いたします。

（秘密保持の確認）

第１条　私は貴社を退職するに当たり、次に示される貴社の営業秘密に関する資料一切について、原本はもちろん、そのコピー及び関係資料等を、貴社に返還し、自ら保有しないことを確認いたします。

⑴　顧客情報（顧客の氏名、年齢、住所、電話番号その他連絡先、顧客の資産状況及び収支、並びにその他これらに関連する顧客の一切の情報

⑵　販売用不動産の仕入原価及び販売における価格決定等に関する情報

（以下省略）

（退職後の秘密保持の誓約）

第２条　前条各号の営業秘密を、貴社退職後においても、不正に開示又は不正に使用しないことを約束いたします。

（競業避止義務の確認）

第３条　貴社を退職するにあたり、貴社からの許諾がない限り、次の行為をしないことを誓約いたします。

⑴　貴社で従事した不動産収益の販売に係る職務を通じて得た経験や知見が貴社にとって重要な企業秘密ないしノウハウであることに鑑み、当該販売及びこれに類する行為に係る職務を、貴社の競合他社（競業する事業を営む場合はこれを含む。以下同じ。）において行いません。

⑵　貴社で従事した不動産収益の販売及びこれに類する行為に係る職務を、貴社の競合他社から契約の形態を問わず、受注ないし請け負うことはいたしません。

（競業避止義務の存続期間）

第４条　本契約は、○○年間有効とします。ただし、第１条各号の営業秘密が公知となった場合は、その時点をもって本契約は終了することとします。

（禁止される競業行為の範囲）

第５条　私は、貴社と競合する他社に就職し、貴社に在職中従事した職種に従事すること、及び競合する事業を営むこと、及び在職中担当した顧客への営業活動をすることをいたしません。

（地域的限定）

第６条　前条の就職及び競合する事業を営むことをしない地域的範囲は、○○県及び隣接県とします。

（代償措置）

第７条　私は、本誓約書各項の遵守のため、退職金○○○万円、補償手当○○万円の交付を受けたことを確認いたします。

（代償措置の返還）

第８条　私は、本誓約書各項に違反した場合、退職金○○○万円、補償手当○○万円を返還することを確認いたします。

（損害賠償）

第９条　前各条項に違反した場合、法的な責任を負担するものであることを確認し、これにより貴社が被った一切の被害を賠償することを約束いたします。

○年○月○日

鷲我不動産株式会社

代表取締役　鷲我　正義　殿

住所

氏名＿＿＿＿＿＿＿＿＿＿＿＿＿＿＿㊞

8．裁量労働制　労働審判

～裁量のない「裁量労働制」は無効？　労働審判で残業代請求されたとき、企業がとるべき対応は？

ある日の午後、弁護士法人本山総合法律事務所に、株式会社ロングタイムの千種社長があわてふためいて相談にやってきた。手には、裁判所から来た封筒と、整理しきれていないであろう大量の書類を抱えて、今にも床に撒いてしまいそうな様相だ。

千種社長　先生、裁判所から突然、「労働審判申立書」という書面が届きました。同封されていた書類の記載によれば、「答弁書」という書面を提出する必要があると記載されているのですが、その提出期限がもう２週間後に迫っていて焦っています。どうしたらよろしいでしょうか。

本山弁護士　そうでしたか。大変ですね。しかし、突然労働審判を申し立てられるという流れはあまり一般的ではありません。このような大変な事態になる前に、争いごとが大きくなる予兆はありませんでしたか？

千種社長　実は…数週間前に、「内容証明郵便」が届いていたようです。会社のポストに不在通知が入っていたのですが、送り主が弁護士だったため、「何か悪いことでもしたのだろうか」と嫌な予感がして受取拒否をしていました。

本山弁護士　その時点で、すぐに相談に来ていただきたかったところですね。

千種社長　先生には、以前ご紹介でお会いしたばかりだったので…。本当に申し訳ありません。そのときはこの先の当社のビジョンの話などをして見栄を張ってしまったし、当社が労働者に訴えられるなどという大変な事態になっていると知られるのが恥ずかしくて、なかなか言い出せませんでした。

本山弁護士　当事務所にご依頼いただいている仕事の大半が、人には秘密にしておきたい大切なご案件ばかりです。しかし、早めに対処しておいたほうが、損失が少なくて済みますから、会社経営者としてリスク管理は非常に重要です。

千種社長　今回のことで、身に染みて理解しました。

本山弁護士　今後は、会社側の立場で労働問題を得意としている弁護士、社会保険労務士と顧問契約をして、いつでも気軽に相談しやすい体制を作っておくことをお勧めします。

千種社長　これを機会に是非よろしくお願いします。まずは、今回の労働審判への対応からお願いできますでしょうか。

本山弁護士　承知しました。まずは労働者側の主張を理解することが先決で、申立書を読ませていただくのが手っ取り早いです。

労働審判手続申立書

○年○月○日

○○地方裁判所　御中

（当事者の住所・連絡先など略）

賃金請求労働審判事件

申立の価額　金○○円
貼用印紙額　金○○円

申立の趣旨

1　相手方は、申立人に対して、金○○万円及びこれに対する○年○月○日から支払い済みまで年6％の割合による金員を支払え

2　申立費用は、相手方の負担とする

との労働審判を求める。

申立の理由

1　当事者

相手方はプログラミング及びコンピュータシステムの設計、販売を行う株式会社であり、申立人は相手方においてシステムエンジニアとして就労した元従業員であり、○年○月○日に退職済である。

2　労働時間、残業代の定めと残業代の支払い

相手方において、申立人は専門業務型裁量労働制（労働基準法38条の3）の対象者であり、相手方の労使協定で定められた「1日8時間」労働したとみなすこととなっていた。

相手方は申立人に対して、残業代を一切支払っていない。

3　予想される争点及び争点に関連する重要な事実

本件の争点は、専門業務型裁量労働制の有効性である。専門業務型裁量労働制は、専門的職種について仕事の進め方等を労働者個人の裁量に任せる代わりに、一定の労働時間就労したものとみなす制度である。しかし、申立人は過酷なノルマと期限を課され、裁量の認められる業務に従事したとは到底評価できない。

したがって、裁量労働制は無効である。

4　申立てに至る経緯

申立人は相手方に対して、内容証明郵便による通知書を送付し、本申立てと同旨の残業代請求を行ったが、受領拒否され返送されたため、交渉を打ち切り、本申立に至った次第である。

千種社長　いかがでしょうか。申立書の一部を見ていただきましたが、さらにこの続きでは、残業代の具体的な計算式が羅列されていて、見るだけでうんざりです。

本山弁護士　証拠も同封されていたのではないかと思いますが、持参していますか？

千種社長　証拠としては、申し立てをしてきた本郷さんの業務用パソコンのログ履歴が同封されていましたが、かなりの量です。

そういって、千種社長は、どっさりと抱えてきた資料を、机の上に投げ出した。

千種社長　当社としては、裁量労働制をとることで、残業代は生じないようにしっかりと対策をしたと自負しております。その分、月の給料も、業界の水準に比べてかなり多めに支払っています。

本郷さんは、先月、引継ぎもそこそこに自主退職しています。裁量労働制ということでたくさんの給料をもらっていたのに、仕事が嫌になったからといって勝手に辞めて、退職後に残業代を請求してくるなんて、納得できません。「立つ鳥跡を濁さず」ということわざを知らないのでしょうか。

本山弁護士　残業代の問題は、とても難しい問題です。昨今成立した働き方改革関連法でも、長時間労働の規制がより厳しくなっています（※詳しくは、○章をご覧ください）。社長は、御社の労働時間管理や残業代について、どのように考えていましたか？

千種社長　うちの会社は、残業代についてかなり真剣に対策したほうなのではないでしょうか？　よその会社のことを聞くと、「そもそも残業代は支払っていない」とか、「固定残業代をつけているから残業代は支払わなくても良いはず」といった話も聞きます。このような考えが甘いことは、私もよく理解しています。

裁量労働制を採用しているわけですから、労働時間管理をする必要はありません。

本山弁護士　残業代を支払わなくてもよい業界などというのはありません。また、固定残業代についても、①固定残業代として支払う金額と時間数を明記し、基本給と区分する必要があり、②固定残業代を超える残業代が生じた場合には差額を支払う必要がある、という厳しい要件が裁判例で示されています。そのため、「固定残業代を払っているのだから残業代は支払わなくても良いはず」という考え方が明らかに間違いであるのは、社長のおっしゃるとおりです。

千種社長　そうでしょうそうでしょう。当社は、残業代についてしっかりと勉強し、文句を言われないようにしっかりやっていますから。

本山弁護士　残念ながら、千種社長の会社も、労働時間管理や残業代についての考え方を誤解している可能性が高いですよ。ちなみにお聞きしますが、御社で、裁量労働制の対象となっている労働者は何人いるのですか？

千種社長　当社は、社員数20名程度の中小企業ですが、事務としてアルバイト雇用している大学生2名以外は、皆プログラマやシステムエンジニアです。そのため、18名は裁量労働制の対象となっていることになりますね。何か問題でもありますか？

本山弁護士　労働基準法に定められている専門業務型裁量労働制が認められるのは、専門的知識、経験を有する一部の職種に限られており、加えて、対象となる職種の労働者には、仕事の進め方などについての裁量が認められている必要があります。

御社の状況は、これから労働審判の準備をするにあたって詳しく聴取しますが、一般的な会社であれば、「ほとんど全社員が専門業務型裁量労働制の対象となる」ということは少ないのではないかと思います。

千種社長　それは知りませんでした。もしいくらかでもお金を支払わなければならないのであれば、できるだけ安く済ませたいですね。

本山弁護士　そう思うのであれば、少なくとも、内容証明が送られてきた時点で話し合いに応じていれば、ここまで問題がこじれずに解決できた可能性が高いです。労働審判となると、労働者側も手間や費用（弁護士費用・裁判所に支払う印紙代など）がかかっていますから、少額のお金では終われないかもしれません。

千種社長　そうでしたか。しかし、突然弁護士から内容証明が送られてきたらびっくりしますよ。適切に対応しろというのは無理があります。

本山弁護士　労働審判の中でも、「調停」という手続きによって話し合いを行って解決をする方法もあります。今回のケースですと、調停による話し合いで解決するためには一定額解決金を支払う必要があるとは思いますが…。

まずは、御社の状況をお聞きして、答弁書に反論を記載した上で、妥当な着地点があるか探っていく、という流れで進めていくことになります。

千種社長　当社の残業代、裁量労働制に関する考え方が間違いであることは理解しました。解決金を支払う必要があるのも分かりましたが、できるだけ安く済ませたいところです。なんとかならないでしょうか。先生に全面的にお任せし、ご指示に従います。
本山弁護士　承知しました。まず本日は、より詳しいご事情をお聞きし、答弁書を作成します。とはいえもう答弁書の提出期限、労働審判の第１回期日が迫っていますので、大至急着手します。

本山弁護士は、会社における本郷さんの働き方からはじまり、就業規則、雇用契約書など会社作成書類のチェック、労働者側から提出されたパソコンのログ履歴のチェックなど、千種社長への事情聴取を行った。事情聴取は数時間に及び、終わったときにはあたりはすっかり暗くなっていた。

数日後、本山弁護士から連絡を受けた千種社長が、弁護士法人本山総合法律事務所を訪問し、労働審判対応のための２回目の打ち合わせが行われた。

本山弁護士　先日は長時間お疲れ様でした。お聞きした話を慎重に検討し、答弁書案を作成しましたので、こちらを叩き台にして、今後の対応方針を検討しましょう。
千種社長　答弁書の提出期限まで時間がないのに、直前まで放置しておいた私のために頑張っていただきありがとうございます。
本山弁護士　そういっていただけると、私も頑張った甲斐があります。まずは、今回の労働審判について、会社側の反論を説明します。会社側の反論の主要なポイントは、次の２つです。
１つ目は、御社における本郷さんの働き方には一定の裁量が認められている、という反論です。
２つ目は、専門業務型裁量労働制が万が一無効であるとしても、実際の労働時間は、労働者側が主張するよりも大分少ないという反論です。
これらの反論のうち、印象としては、１つ目が完璧に認められて圧勝できる、ということは、この前社長からお聞きした話ですと難しいのではないかと思います。専門業務型裁量労働制を適切に導入したいのであれば、導入時に、労働問題に強い弁護士、社会保険労務士に相談しながら進めるべきでした。

今回の方針としては、この２つの反論を行い、反論に理由があることを労働審判の場で主張立証していくことで、「調停」における和解額を引き下げるというものです。いかがでしょうか？

千種社長　まさに私の言いたいことが全て網羅されています。方針も、もはや私としては全て先生に一任するお気持ちです。

本山弁護士　ご信頼いただけるのは嬉しいですが、当事者意識をしっかり持っていただきたいです。これから経営をあらため、残業代と労働時間管理の考え方をきちんと身に着けて、会社を変えていかなければならないのは社長自身なのです。

千種社長　それは失礼しました。もちろん、今回のことは私の甘い考えが発端ですので、これからは先生にご指導をいただきながら、コンプライアンス整備を徹底していきます。

本山弁護士　安心しました。それでは、先程の２つの反論のポイントを順に説明します。

１つ目の反論は、専門業務型裁量労働制を有効とするための反論です。先日お聞きした労働実態ですと、専門業務型裁量労働制が有効と認められるかどうかは、微妙なところではないかと考えています。確かに、御社の業務には、厳しい期限とノルマがありましたが、一方で、期限に間に合いそうにない過重な業務が生じてしまったときは、取引先との間で会議、調整を重ねて、何度もリスケジュールをしていた形跡もあります。

千種社長　できる限り期限に間に合わせないといけないとは思いながら、取引先の方に無理を言って期限を延ばしてもらいながら対応せざるを得ないことも多かったです。

本山弁護士　この反論を基礎づけるために、取引先との会議の議事録、期限のリスケジュールの履歴などの資料をご用意ください。

千種社長　承知しました。帰社すれば、すぐに用意できます。

本山弁護士　２つ目の反論は、専門業務型裁量労働制が無効となり、残業代を支払う必要があるという心証を労働審判委員会が抱いた場合であっても、少しでも支払うべき残業代を減らすための反論です。

実際、裁量労働制が認められるほどに仕事の進め方などが自由な状態ではなかったとしても、社長が曲がりなりにも「当社は裁量労働制だ」というポリシーを貫いていたことから、御社の仕事ぶりは、他と比べて縛りが少ないように感じます。

千種社長　そうですね。裁量労働制の基本的な考え方を先生にお聞きして、「当社はそこまで自由ではないな」とは思ったものの、実際には、パソコンをつけたまま私用で数時間外出する社員もいますが、私もあまり口うるさく注意はしません。

実際、本郷さんも、朝早くに出社したり、夜遅くまで仕事をしたりしていましたが、日中も全く休憩をとらずにパソコンにかじりついていたかというと、そうではありませんでした。日中席にいないことも頻繁に目にしましたし、中抜けもあったのではないかと思います。

本山弁護士　そうかなと思いました。しかし、労働実態というのはなかなか立証することが難しいです。証拠として何か思い当たるものがありますか？

パソコンのログ履歴は、労働者側が証拠として提出してきていますね。本郷さんはエンジニアですからパソコンを使って仕事をするのでしょうが、パソコンに電源が入っているからといって必ずしもずっと仕事をしているわけではないと考えます。

千種社長　当社はそれほど大きな会社ではなく、社員はみな目の届くところで働いています。本郷さんが退職したのも最近なので、本郷さんと一緒に働いていた社員の証言であれば用意できます。

本山弁護士　証言も結構ですが、証言だけでは証拠としては弱いです。しかも、現在も会社の従業員の人となると、会社側に迎合的になり、御社に有利な証言をするのではないか、と裁判官も考えるでしょうから、それほど有力な証拠とはなりづらいです。

千種社長　本郷さんが退職する直前２カ月程度であれば、監視カメラを設置することにしましたので、監視カメラの映像が残っているかもしれません。

本郷さんの仕事ぶりを見てもらえれば、業務量、成果物の量から推察するに、パソコンのログ履歴のとおりの労働時間ずっと働いていたわけではないことは私の目からは明らかなのですが…裁判所に分かってもらわなければなりませんよね。

本山弁護士　業務量や成果物の量なども、明らかに少ないのであれば主張しておきましょう。特に、一緒に働いていた、同程度の能力の同僚と明らかに差があるようであれば、資料を整理してまとめておいてください。

千種社長　当社が業務連絡用に利用しているチャットツールのログ履歴はいかがでしょうか？　他の社員は、日中であればすぐに反応がありますが、本郷さんはなかなか反応がないことが多く、チームを組んで仕事をしているのに進捗が共有できないと他の社員が嘆いていたことがありました。その社員にも話を聞いておきます。

本山弁護士　承知しました。労働審判の場合には、裁判とは違って、証人尋問を行う期日が別途用意されているわけではありません。

労働審判では、第１回期日にしか事実確認が行われないことが多いため、第１回期日におけるやり取りが勝負であるといわれています。そのため、会社側に有利な事実を証言してくれる人がいるのであれば、第１回期日に同席してもらう必要があり、そうでないと、労働審判委員会もあまり重要視されません。

千種社長　当社の社員を労働審判に同席させる場合、会社の仕事がストップしてしまいますが、やむを得ません。

本山弁護士　そもそも裁量労働制なのであれば、少し中抜けして労働審判に同席するくらいで会社の仕事に大きな支障が出るのはおかしいのではないですかね。労働審判に同席する時間は、同席してもらう社員の方にとっては労働時間となりますので、「無給」として取り扱うことのないよう注意してください。

２回目の打ち合わせの後、本山弁護士は、答弁書と、千種社長から後日送られてきた証拠資料をあわせて、裁判所に提出した。

その後、裁判所から指定された労働審判の第１回期日になり、本山弁護士、千種社長は、打ち合わせにて労働審判に同席することが決定した社員とともに、労働審判に臨んだ。

労働審判では、労働審判官（裁判官）、使用者側委員、労働者側委員の３名が労働審判委員会を構成して判断権者となる。まず、労働者側、会社側が同席の場で、労働審判委員会からの事実確認、争点整理が行われる。

事前の本山弁護士からの説明のとおり、労働審判官は、本郷さんの会社での仕事の仕方、労働実態等を中心に質問をしてきた。

双方同席の場での事情聴取が終わると、労働審判委員会が評議を行うこととなる。評議の待ち時間、待合室にて…。

千種社長　はじめてのことで緊張しましたが、先生があらかじめ、労働審判の流れを説明していただき、どのようなことが聞かれるかを予行演習してくださったおかげで、なんとか乗り切ることができました。私の回答ぶりはいかがでしたでしょうか？

本山弁護士　誰でも、完璧にこなすことは難しいものですが、社長のお答えは事前打ち合わせでの練習のとおりで、なかなかよかったと思いますよ。とはいえ、やはり専門型裁量労働制の有効性については、厳しい心証を抱かれている可能性があります。

労働審判官も、しきりに社長に対して、本郷さんの職種、働きぶりなどについて、

- 高度な専門性が必要な業務なのか。
- 社長からの個別具体的な指示がどの程度されていたのか。
- 本郷さんが仕事の進め方についてどの程度の裁量を認められていたのか。
- 実際にノルマや期限がどの程度徹底されていたのか。守らないとペナルティがあったのかどうか。
- 実際の労働時間が、８時間をどの程度超えるのか。

といった点についての質問がされていましたね。今回のケースにおける問題意識は、私が打ち合わせで解説したとおりであると理解できます。

千種社長　専門型裁量労働制が無効となる可能性があるという心証を示された場合には、労働者側が調子にのって、相当多額の要求をしてくるのではないでしょうか？　請求額満額の主張に固執するようであれば、私も調停による解決が困難なのではないかと考えていますが、話し合いはできるのでしょうか？心配です。

本山弁護士 労働審判委員会は、調停を進めるにあたって心証開示をしてくれることが多いですが、はっきりと「労働者側の勝ちです」と示すことはあまりありません。労働審判委員会も、和解交渉の経験が豊富な労働審判官（裁判官）が進行を主導していますから、うまく調停が成立するように手を尽くしてくれる可能性が高いです。

千種社長 調停が成立しないと、どうなるのでしょうか？

本山弁護士 調停が成立しないと、労働審判という、労働審判委員会による最終判断が下されます。今回の場合には、専門業務型裁量労働制が無効という心証であれば、労働審判であっても一定額の支払が命じられる可能性が高いです。

労働審判に対して、労使いずれか一方でも不服がある場合には、異議申立をすることで、自動的に訴訟に移行させることができます。

千種社長 訴訟に移行する前に解決したいものです。

その後、調停の交渉は難航した。労使が交互に呼ばれ、労働審判委員会に呼ばれ話し合いを行うが、交渉は一進一退、争点は、解決金の金額に絞られた。

第1回期日では解決金の金額に大きな開きがあり、第2回期日に持ち越されることとなった。

千種社長 労働者側はかなり吹っ掛けてきているのでしょうか。労働審判官のお話のとおりだと、到底調停は困難なようにも聞こえますが。

本山弁護士 疑心暗鬼になるのは理解できますが、慎重に進めなければなりません。調停で終了するほうが、会社の損失は少なく食い止められる可能性が高いからです。粘り強く交渉を続けていきましょう。

千種社長 心得ております。専門業務型裁量労働制が無効であることを前提として、こちらに有利な「中抜け」などの事情も加味して先生に計算していただいた残業代金額である150万円が上限と考えておりましたが、本日調停により終了するのであれば、プラス20万円程度の譲歩はいたしかたありません。

私が、何日も労働審判に拘束されたり、あまつさえ訴訟準備にまで付き合わなければならなかったりすることを考えると、その間に仕事が止まってしまう損失のほうが大きいです。

本山弁護士　承知しました。次に呼ばれた際には、労働審判委員会に正直に伝え、率直に譲歩の限界をお伝えするようにします。

この後も労使が交互に呼ばれて和解金額の調整を重ねること数度に及び、ようやく、社長の最終譲歩案である、170 万円の支払を内容とする調停にて、この事案は解決することとなった。

調停が成立すると、労働審判委員会の作成する調停調書にその旨が記載され、労使双方に送達される。

本山弁護士　調停調書は、確定判決と同一の効力を持ちますので、もし調書に違反すると強制執行をされてしまう危険があります。調書記載のとおりに支払を進めるようにしてください。

千種社長　承知しました。今後このようなことがないよう、顧問弁護士としてこれからご指導をお願いします。

第2回労働審判手続期日調書（調停成立）

（事件番号・当事者の表示、申立の趣旨など略）

調停条項

1　相手方は、申立人に対し、本件解決金として、金170万円の支払義務があることをみとめる。

2　相手方は、申立人に対し、前項の解決金を、○年○月○日限り、申立人の指定する申立人代理人名義の金融機関口座（○○銀行○○支店　普通　口座番号○○○○○○○）に振り込んで支払う。振込手数料は相手方の負担とする。

3　申立人及び相手方は、本件紛争の経緯及び本調停条項の内容について、正当な理由なく第三者に口外しない。

4　申立人は、本件申立てに係るその余の請求を放棄する。

5　申立人及び相手方は、申立人と相手方との間には本調停条項に定めるほか、何らの債権債務がないことを確認する。

6　手続費用は各自の負担とする。

以上

9．未払い残業　逮捕

～労基法違反の是正勧告を無視！　逮捕、書類送検そして起訴、有罪

暗黒手先（あんこく・てさき）社長は、友人の経営者から矢部社労士を紹介され、ヴィクトワール社会保険労務士事務所を訪れていた。

暗黒商会株式会社は、50年の歴史を誇る地元で有名な事務用品店である。２つの店舗を有し、近隣の小中学校にも事務用品を卸している。従業員は２店舗で約30人。暗黒帝王（あんこく・ていおう）会長が創業し暗黒社長は、２代目社長である。

暗黒社長は、挨拶もせずに話し始めた。

暗黒社長　労働基準監督署から調査に入るという文書が来たんです。私は３年前に社長になったばかりで、労基署の調査は初めてなんです。今まで、父である会長がこうしたことについて対応していましたので、どのようにしたらいいか思案していましたら、経営者の友人から先生に相談すべきと勧められまして。

矢部社労士　なるほど。では先日、お電話でお願いした資料を見せてください。

法定３帳簿といわれる労働者名簿、タイムカード、賃金台帳、それに加えて労働契約書、就業規則などの資料があった。矢部社労士は、ひとしきり見て言葉を発し始めた。

矢部社労士　賃金台帳を拝見しました。残業代の支払が不足していますね。さらに、36協定の特別条項で残業の上限が80時間となっていますが、これを超えている人がいます。この部分を中心に是正勧告されます。

暗黒社長　ええ？　うちは、昔からこうしていて、オヤジも大丈夫っていって

いたんですが、どういうことなんですか？

矢部社労士　労働基準法37条で、「1日8時間又は週40時間を超えた部分は、残業として1.25倍の残業代を支払わなければならない」と規定されています。御社は、この部分の支払が不足しています。

矢部社労士は、資料を基に、事前に計算した未払い残業代の資料を示した。

暗黒社長　1000万円ですか!!　そんな!!

矢部社労士　過去2年分で約1000万円です。一般的には、最初の労基署の調査では過去3カ月分の帳簿の開示を求められますので、過去3カ月分で計算すると約300万円ですね。

暗黒社長は、当惑気味な表情だった。

矢部社労士　是正勧告されたら、未払い残業分は、早急に支払わなければなりません。きちんと支払いして、今後、残業代の計算方法を改める必要があります。

暗黒社長　はぁ〜…、オヤジ、いや、会長が何ということやら…。うちは、残業は申請制でして、申請してそれが通ったら残業代を払う建前なんです。それから、営業手当を全員一律2万円つけているので、それが残業代の代わりなんです。

矢部社労士　はっきりいいますと、御社は、いわれるブラック企業です。

まず、申請制といいますが、申請されたことが一度もありませんね。残業は命令してさせるものですから、残業の申請制そのものは悪くはありません。しかし、御社はその運用が全くなっていません。タイムカードに打刻された時刻が所定の終業時刻より1時間以上経過した日が何日もあります。

さらにいえば、深夜0時を越えた日も毎月決まって月末にあるじゃないですか？　これは、棚卸しさせているでしょ？

暗黒社長　たしかに…。私も薄々感じていましたが、先生のおっしゃるとおりです。月末も確かに棚卸しです。

矢部社労士　あなたが社長なら、お父様、会長がなんと言われようと、あなたが法的責任を取らされますよ。有罪確定すれば前科一犯ですよ。
暗黒社長　前科一犯！！そんなの嫌です。でも、そうおっしゃっても、会長が…。

暗黒社長は、小学生のように頭を振った。

暗黒社長　あ、そうだ！　先生が、「残業は命令してさせるもの」とおっしゃいましたが、うちの会社では、「残業しなさい」と言ったことがないんです。会長もいつも「うちは、みんな勝手に残業してくれるからなあ。命令してないから残業じゃないよね」と言っていたんです。
矢部社労士　社長、あなた、本気でそれが通ると思っていますか？　もし本気でそう思うなら、社長業をやめた方がいいですよ。
法的に労働時間とは「使用者の指揮命令下にある時間」です。使用者の指揮命令下にある時間とは「使用者が労働することを指示した時間」です。
あなたが言う「残業しなさい」という命令を「明示の指示」と言います。「残業しなさいといっていないけど、勝手に残業している」とは「黙示の指示」をした状態です。「勝手に残業したから残業代支払わなくてもいい」という理屈はとおりません。
もし、「店舗に閉店後は鍵をかけていたけど、従業員が勝手に入ってきた」というなら別ですが。
暗黒社長　おっしゃるとおりです。
矢部社労士　毎月、月末には、棚卸しが必要なことを会社が知らないはずないですよね。深夜手当が支払われていないことも法違反です。
暗黒社長　…。
矢部社労士　「営業手当を全員一律２万円つけている」とのことですが、これは、就業規則にも、労働契約書にも「残業代として支給する旨」が規定されていません。
仮に、「残業代の内払」として計算したとしても、未払い残業代を全てカバーしきれません。
就業規則に「事業場外のみなし残業制度」を規定していますが、店舗の中での作業ですので、この制度を適用することはできません。

暗黒社長　…。

矢部社労士は、労基署の調査について詳しく説明し、その場合の未払い残業代の金額やその後、企業が取るべき措置などについて説明を行った。

矢部社労士　それから、もう1つ、残業そのものを36協定で定めた月間80時間以内に抑える必要があります。

残業代の未払いをなくすのは当然のこととして、残業は36協定で定めた時間以内でなければなりません。

36協定で定めた時間以上の残業をした場合、労基法32条違反として是正勧告されます。複数回是正勧告されても改善されない場合は、書類送検される場合もあります。

暗黒社長　書類送検って!!

矢部社労士　そうです。決して脅しじゃありません。

暗黒社長　会社に戻って会長と相談します…。

矢部社労士　厳しいことを言いましたが、あなたを思ってのことです。

翌日、暗黒商会株式会社の会議室。暗黒手先社長は、暗黒帝王会長に矢部社労士から言われたことを報告した。暗黒会長はみるみる顔を真っ赤にさせて激高した。

暗黒会長　そんな社労士と契約する必要はない!!　残業代は、全部給料に込みなんだから払う必要もない！営業手当も払ってるし、そもそも、残業も命令したこともない。なあ､そうだろ！　棚卸しだって､社員が自ら進んで勝手にやってることなんだよ。残業が80時間？　そんなもん知らんよ。仕事がない時に雇ってやったのは誰だ？　そう、ワシだろ！　ワシに楯突くやつは、社労士だろうが、労基署だろうがここに連れてこい!!

暗黒社長　…。分かりました。会長のおっしゃるとおりにします。

数日後、暗黒商会株式会社は、矢部社労士と契約することなく、労働基準監督署の調査を受けることとなった。対応したのは、暗黒手先社長と２つの店舗を統括する巻添空太（まきぞえ・くうた）店長だった。

是正勧告の内容は、おおむね矢部社労士が想定したとおりだった。おおむねというのは、「是正勧告書」の主な内容について矢部社労士が指摘したとおりであり、細かい指摘内容は 10 項目あった。また、「是正勧告書」だけでなく、「指導書」も交付された。「指導書」の内容は、「タイムカードと実際の労働時間に乖離があるため、その乖離をなくすように改善し、改善した内容を労基署に毎月報告」するように指示した内容であった。

労基署の調査は、通常２時間ほどであるが、４時間を要した。

監督官　是正内容は、次のとおり「是正勧告書」を交付します。また、労働時間の管理方法について「指導書」を交付します。署名と押印をお願いします。

暗黒社長　あのぉ～、残業代を払わないということはできないのですか？　それから、残業っていくら払えばいいんですか？

監督官　貴社が、「残業代を支払わない」ということはあり得ません。金額についてですが、我々労働基準監督官は、労働基準法などの法違反を是正することが仕事です。金額は、会社で法律どおりに計算して是正してください。

会社で計算できないのであれば、社労士さんに計算をお願いしてください。

指導内容も多くありますので、たいへんだと思いますが必ず期日までに是正してください。「是正報告書」の提出は、是正期日までとなりますので、１カ月後になります。是正の後、労基署に提出してください。

暗黒社長　どうしても払わなくちゃいけないんですか？

監督官　繰り返しますが、是正を勧告しているのですよ。これは、お願いではありません。「勧告」です。計算は会社にお任せしますが、「是正勧告書」にも書かれているとおり、従わない場合、検察庁に書類送検することがありますからね。

暗黒社長　書類送検ですか…。

是正勧告書

○年○月○日

暗黒商会株式会社

代表取締役　暗黒　手先　殿

○○労働基準監督署

労働基準監督官　○○　○○

貴事業所における下記労働基準法違反については、それぞれ所定期日までに是正の上、遅滞なく報告するよう勧告します。

なお、法条項に係る法違反については、所定期日までに是正しない場合又は当該期日前であっても当該法違反を原因として労働災害が発生した場合には、事案に応じ、送検手続きをとることがあります。

法条項等	違反事項	是正期日
労基法第32条第1項・第2項	時間外労働に関する協定の範囲を超えて労働させていること	即日
労基法第37条第1項	1日8時間週40時間を超えて労働者に時間外労働をさせていたにも関わらず、2割5分以上の割増賃金を支払っていないこと（過去3カ月遡及して支払うこと）	○年○月○日
〜〜〜	〜〜〜	〜〜〜

労働基準監督官が会社から去るとすぐに暗黒手先社長は、暗黒帝王会長に報告した。会長はみるみる顔を真っ赤にさせて激高した。

暗黒会長　労働基準監督官の言うことなんか聞く必要はない!!　残業代は、全部給料に込みなんだから払う必要もない！　営業手当も払ってるし、そもそも、残業も命令したこともない。なあ、そうだろ！　棚卸しだって、社員が自ら進んで勝手にやってることなんだよ。残業が80時間？　そんなもん知らんよ。

仕事がない時に雇ってやったのは誰だ？　そう、ワシだろ！　ワシに楯突くやつは、ここに連れてこい!!

暗黒社長　…会長、そのセリフ…。いえ、分かりました。

暗黒会長が一言一句同じ言葉を告げたことについて、病気が原因か、それとも元来の記憶力の良さからかを判断する余裕もないほど、暗黒社長は、思考停止の状態であった。

暗黒社長　しかし、「是正報告書」を作成するためには、少なくとも社労士と契約した方がよいと思いますが。

暗黒会長　まだ分からんのか？　ワシに楯突くような奴はいらん。そもそも、労基署なんぞ、無視すればいいのだ。役人は、経営が何たるかが分かっておらん。書類送検など、脅しに決まっとる。無視だ！　無視！　無視!!

暗黒社長　わ、分かりました。

それから１カ月後。労働基準監督官は、暗黒手先社長に電話を掛けた。

監督官　「是正報告書」の提出がまだのようですが、どうなっていますか？

暗黒社長　それが、あの…。今、やっているところでして…。

監督官　そうですか。是正勧告の量が非常に多いですので、たいへんだと思いますが、ぜひ、よろしくお願いします。社長も主体的に労務管理の改善をおねがいします。

暗黒社長　あ、はっ、はい。

監督官　ところで、どれくらいで「是正報告書」を提出できますか？

暗黒社長　あ、いや、あの、その。い、１カ月というのは？

監督官　１カ月ですか？うーん、じゃあ、途中経過だけ今週いただいて、１カ月後の提出をお願いしますね。

暗黒社長　はい。分かりました。

それから１カ月後…。再び、労働基準監督官は、暗黒手先社長に電話を掛けた。

監督官　暗黒社長、お約束した1週間後も、1カ月後もご連絡ありませんが、どうなっているんですか？

暗黒社長　いや、あの、その…。仕事が忙しくて…。

監督官　状況お分かりですか？　貴社は、労働基準監督署から「是正勧告」を受けているのですよ。労働基準監督官は、司法警察権を有していますから、逮捕することさえできるのですよ。

暗黒社長　…。

暗黒社長は、暗黒会長に相談したものの、暗黒会長の指示は、徹底無視であった。結局、暗黒商会株式会社から「是正報告書」が提出されることはなかった。

その後、2年間、労働基準監督署は、5度の是正勧告を行った。しかし、それでも暗黒商会株式会社は、その是正勧告に従うことはなかった。

暗黒手先社長と巻添空太店長は、暗黒会長の指示に従い、労働基準監督官から徹底して逃げ回った。何度会社や店舗に訪問されても居留守を貫いた。電話に出ることもなかった。

2年後、某日の月曜日、午前8時55分。

暗黒商会株式会社の本社兼本店、もう1つの店舗、暗黒会長と暗黒社長の二世帯住宅に司法警察官たる労働基準監督官が総勢20名待機していた。

同日午前9時。

監督官　動かないでください。労働基準監督署です。

「労働基準監督署」と記された黄色い腕章を着けた労働基準監督官が紙袋と段ボールを持ち次々に事務所の中に入っていった。

監督官　暗黒手先さん、巻添空太さん、労働基準法違反の容疑で逮捕します。捜索差押許可状が出ていますので事務所内を捜索させていただきます。

呆然とする暗黒手先社長と巻添空太店長に手錠がかけられた。さらに腰縄を付けられた２人は労働基準監督署が準備した車両に載せられ、連行された。

事務所内のパソコン、資料等を労働基準監督官が次々と運び出していった。事務所内の従業員はただ立ち尽くすばかりであった。

<table>
<tr><td colspan="2">逮　捕　状（通常逮捕）</td></tr>
<tr><td>被疑者の氏名</td><td>暗黒商会株式会社
代表取締役　暗黒　手先
店長　巻添　空太</td></tr>
<tr><td>被疑者の年齢
住居、職業
逮捕を許可する罪名
被疑事実の要旨
被疑者を引致すべき場所
請求者の官公職氏名</td><td>別紙逮捕状請求書のとおり</td></tr>
<tr><td>有効期間</td><td>○○年○月○日</td></tr>
<tr><td colspan="2">有効期間経過後は、この令状により逮捕に着手することができない。この場合には、これを当裁判所に返還しなければならない。
有効期間内であっても、逮捕の必要がなくなったときには、直ちにこれを問う裁判所に返還しなければならない。</td></tr>
<tr><td colspan="2">上記の被疑事実により、被疑者を逮捕することを許可する。
○○年○月○日
○○裁判所
裁判官　　○○　○○　㊞</td></tr>
</table>

社長と店長は、逮捕後 10 日間の勾留で取り調べを受けた後、勾留取り消し請求が認められ、在宅で捜査が続けられた。

労働基準監督署は、労働基準法違反の疑いで、暗黒商会株式会社、暗黒手先社長、巻添空太店長を地検に書類送検した。

地検は、暗黒商会株式会社と暗黒手先社長を略式起訴し、巻添空太店長を不起訴処分とした。

暗黒商会株式会社と暗黒手先社長とは有罪が確定した。

逮捕・書類送検のニュースは世間を駆け巡った。労働基準法違反で逮捕されるのは、全国で年間１～２件程度である。証拠隠滅を図るおそれがあるとして逮捕されるケースは極めてまれである。

労働基準監督署は記者会見を開き、いかに悪質な事件であるかを語った。暗黒商会株式会社は書類送検されたことにより、学校に卸していた文房具類の入札にも参加することができなくなった。経営は大きく傾き、暗黒商会株式会社は、その歴史に幕を下ろすこととなった。

新聞記事

○○労働基準監督署は○日、違法な時間外労働と時間外労働にかかる割増賃金の不払いがあったとして、労働基準法違反の疑いで逮捕したオフィス用品や書籍販売の暗黒商会株式会社社長の暗黒手先容疑者（45）と店長の巻添空太容疑者（39）を○○地検に送致した。法人としての同社も同法違反容疑で地検に書類送致した。２人の逮捕・送検について同署は、２年以上行政指導を繰り返しても改善に応じなかった悪質性に加え、証拠隠滅の恐れがあると判断したと説明した。同署は「重大、悪質事案は司法処分も含め厳正に対処する」として、監督指導の強化を図るとしている。

○○労基署の○○　○○署長らが県庁で会見した。○○社は○○年○月○日から約２年間、労働者に時間外労働させるために必要な労使協定（三六協定）を結ばず、法定の労働時間を超え、非正規を含む従業員を働かせた。１人当たり最大で週○○時間、１日○時間の時間外労働をさせていた。また、正社員○○人に対して○○年○月○日から２年間、時間外労働させた場合に必要な割増賃金、計○○○万○○○○円の不払いがあった。１人当たりの最高額は約○○万円だった。

容疑の発覚は○○年○月、○○労基署の監督官が任意調査の「定期監督」で同社を訪れた際に、三六協定の未届けや残業代の不払いなどを確認。その後、少なくとも５回の是正勧告をしたが、暗黒手先容疑者と店長はこれに応じず、面会もできなかったという。

逮捕・送検を判断した詳細については「捜査中」として答えなかったが、「署の求めに応じず、強制でなければ調査できない状況があった。（社長と店長による）共謀、罪証（証拠）隠滅の恐れがある」と説明。従業員への圧力やかん口令などにも配慮したとみられる。

10. 賃金減額　事前法務

～80時間分の固定残業手当の分割!?　着実に「労働者の合意」を得ていく賃金減額の手堅い進め方

あるウィークデイの午後、社労士法人大江戸セントラル事務所の代表社員である江戸桃太郎は、部下である勤務社労士の神田千明から、彼女の担当顧問先である株式会社渋谷システムズ（社員数50名、代表取締役・渋谷幸一）の案件について相談を受けている。なお、同社では以前からの顧問社労士と併任する形で、今月から当法人と顧問契約を結んでいる。舞台は事務所の社長室。

神田社労士　江戸先生、実はこの会社の固定残業手当の分割について悩んでいまして…。

江戸社労士　固定残業手当の分割。それは基本給から固定残業手当を分割するということかな？

神田社労士　はい。社長の渋谷氏から、現行の基本給から一定時間数分の固定残業手当を分割できないかという相談がありまして。

江戸社労士　分かった。規定の詳細を確認したいので、ちょっと就業規則を見せてくれるかな？

江戸桃太郎は、特技の速読を駆使して、ものの数分で株式会社渋谷システムズの就業規則の要点を確認する。

同社は年俸制を取っており、年俸額の15分の1を月例給として支給していた。月例給はこれに通勤手当が支給されるのみで、他に諸手当はなかった。また、同社の給与水準は同規模の同業種の中では比較的高水準であると言えた。なお、割増賃金に関する就業規則と労働契約書の規定では、所定労働時間を超えて労働した場合に法定どおりに支給すると規定されており、固定残業手当に関する規定は無かった。

江戸社労士　まず、復習になるけど、固定残業手当が制度として適用されるためには、過去の判例（※）から導き出された３点の重要ポイントがあるよね？

江戸桃太郎はパソコンを駆使してプロジェクターで役員室のスクリーンに必要な資料を映し出す。

1. 毎月の給与の中にあらかじめ一定時間の残業手当を参入して支払われている場合には、その旨が雇用契約上も明確にされていなければならない
2. 支給時に支給対象の時間外労働の時間数と残業手当の額が労働者に明示されていなければならない
3. 上記２を超えて残業が行われた場合には当然その所定の支給日に別途上乗せして残業手当を支給する旨もあらかじめ明らかにされていなければならない

※：テックジャパン事件（最判平 24・３・８）櫻井裁判官補足意見

江戸社労士　渋谷システムズでは、年俸の中に「なんとなく」時間外労働手当が含まれる暗黙の了解が労使の間にあるものの、基本給部分がいくらで、割増賃金部分がいくらかが明確になっていない。

つまり、この櫻井裁判官補足意見の１つ目の要件である「明確区分性」この時点でつまずいてしまっているね。

江戸社労士は、スクリーンに映し出されているテックジャパン事件の重要ポイント３点の、１つ目を指し示しながら解説する。

神田社労士　はい。それに、明確区分性の要件を満たしていないので、当然、

３つ目の要件である当該時間数分を超える割増賃金の支給もされていません。

江戸社労士　そうだね。なので、同社の現行の規定を見る限りでは、このままでは固定残業手当の適用はできていないと言わざるを得ないね。

神田社労士　あと、江戸先生、こちらの資料を見ていただけますか？

神田社労士が見せたのは、渋谷システムズの元からの顧問社労士が作成したという「固定残業手当導入試算（案）」なる資料であった。

＜現行＞
　基本給：325,000 円
　【合計：325,000 円】
　　↓
＜新制度移行（案）＞
　基本給：200,000 円
　固定残業手当（80 時間分）：125,000 円
　【合計：325,000 円】

江戸社労士　80 時間分の固定残業手当 !?

神田社労士　そうなんです。さすがに渋谷社長もこれは無茶苦茶じゃないかと顧問担当の私に相談があったわけでして。

江戸社労士　確かに、一部の裁判例（※１）の中には、櫻井裁判官補足意見の３つのポイントを押さえていれば、基本給の金額に比して固定残業手当の金額が大きいような制度設計も直ちに否定はされないものもある。

しかし、36 協定の原則的な限度時間である月間 45 時間・年間 360 時間を大幅に超過する時間数分の固定残業手当を設定することは、労基法 36 条の法の制度趣旨を無視するものであるとして、その固定残業手当の適用それ自体を否定した裁判例（※２）も出ていることは注視しておかなくてはならない。

※１：未払賃金請求控訴・同附帯控訴（最判平 30・7・19）など

※２：マーケティングインフォメーションコミュニティ事件（東京高判平 26・11・

26)、ザ・ウィンザー・ホテルズインターナショナル事件（札幌高判平24・10・19）など

神田社労士　80時間100時間といった過大な時間数分の固定残業手当を設定すると、その固定残業手当それ自体が否定される危険性があるのですよね。やはり、過去の裁判例を踏まえて、固定残業手当の時間数は45時間以内分にしておくのがベターだと思うのですが。

江戸社労士　あと、不利益変更の問題も考えていかなくてはならないよね。

江戸社労士は素早くパソコンを操作してスクリーンに労働契約法の条文を映し出した。

（労働契約の内容の変更）
第8条　労働者及び使用者は、その合意により、労働契約の内容である労働条件を変更することができる。

（就業規則による労働契約の内容の変更）
第9条　使用者は、労働者と合意することなく、就業規則を変更することにより、労働者の不利益に労働契約の内容である労働条件を変更することはできない。ただし、次条の場合は、この限りでない。

第10条　使用者が就業規則の変更により労働条件を変更する場合において、変更後の就業規則を労働者に周知させ、かつ、就業規則の変更が、労働者の受ける不利益の程度、労働条件の変更の必要性、変更後の就業規則の内容の相当性、労働組合等との交渉の状況その他の就業規則の変更に係る事情に照らして合理的なものであるときは、労働契約の内容である労働条件は、当該変更後の就業規則に定めるところによるものとする。

江戸社労士　まず、今回のケースは基本給から固定残業手当の分割なので、「労働条件の不利益変更」になる。

神田社労士　そうですね。

江戸社労士　次に、今回のケースに労働契約法10条が適用できるか考えてみる。

労契法10条は、就業規則の内容が「合理的」である限り、同法8条にある「労働者の合意」がなくとも就業規則を変更することで、合意しない労働者も含めて変更後の就業規則が適用できるという規定だ。

神田社労士　その「合理性」は、労働者の受ける不利益の程度、労働条件の変更の必要性、変更後の就業規則の内容の相当性、労働組合等との交渉の状況その他の就業規則の変更に係る事情に照らして判断されるんですよね。

江戸社労士　加えて、賃金や退職金等の労働者にとって重要な権利、労働条件に関して不利益を及ぼす就業規則の作成又は変更については、そのような不利益を労働者に受忍させることを許容できるだけの「高度の必要性」がある場合に限って合理性が認められると最高裁が判示している（※）。

※：大曲市農業協同組合事件（最判昭63・2・16）

神田社労士　なので、今回の基本給からの固定残業手当の分割は、当然、重要な労働条件の変更で、それには「高度の必要性」が必要ということになりますね。

江戸社労士　この会社は、この80時間分の固定残業手当が認められないと企業存亡の危機にあるとか、社員の雇用を維持できないとかいうような「高度の必要性」はないんだよね？

神田社労士　はい。業績は好調で、この規模ですが毎月のように新入社員が入社します。当法人と労務顧問契約を締結したのを機に、これまでのいい加減な労働時間管理などをやめてきちんとしたいというご要望です。

江戸社労士　分かった。仮に、前述の月給325,000円の社員が、基本給から80時間分の固定残業手当を分割するとする。従前は時間単価2,033円で、分割後は時間単価1,250円。基本給部分は実に約38％減となる。

神田社労士　この会社の現状を考えると、この不利益変更の合理性が認められるのは厳しそうですね。

江戸社労士　なので、必然的に労契法8条の「労働者の合意」を取って行くことを目指していくことになるね。

上司であり師匠でもある敏腕社労士・江戸桃太郎とのセッションのおかげで、神田千明社労士の頭の中で少しずつ有効な戦術が組み立てられてきた。

神田社労士　ただ、80時間分の分割は余りに無理筋ですよね。

今回の件で過去2年分の勤怠を分析したところ、この会社はワークライフバランスが進んでいて、月当たりの時間外労働時間は20時間を超えることは無いんです。分割する固定残業手当は20時間分でいいのではないでしょうか？

江戸社労士　あと考えるべきは、「賃金水準の競争力」だね。元からの顧問の先生の提案のように、未払い残業代リスクを恐れて過大な時間数分を分割しようとすると、基本給部分の時間単価が下がり、その会社の給与水準での採用優位性が失われてしまう。先ほどの試算例だと制度適用後は時間単価1,250円と新卒水準になってしまう。

神田社労士　分かりました！　次回の定例訪問の折に渋谷社長とそのあたりを打ち合わせしてみます。

江戸社労士　この水準決定の打ち合わせは、できれば従業員代表も交えてやった方がいいね。

神田社労士　分かりました！

こうして、神田社労士、渋谷社長、そして同社の従業員代表との打ち合わせの結果、基本給より15時間分の時間外労働手当を分割することで「労働者の合意」を得ていくと言う方向性を決定した。

＜現行＞

基本給：325,000円

【合計：325,000円】

↓

↓
＜新制度移行（案）＞
　基本給：291,040 円
　固定残業手当（15 時間分）：34,107 円
　【合計：325,147 円】

時は移って、後日。舞台は再び社労士法人大江戸セントラル事務所の社長室。

神田社労士　労使の代表者の協議の結果、15 時間分の割増賃金の分割を全社員に打診していくことになりそうです。基本給部分の減額幅としては約 10% です。

江戸社労士　あとは各社員の合意を得られるかだけど、「代償措置」や「不利益緩和措置」は検討した？

神田社労士　今回は不利益変更の法理ではなく「労働者の合意」で行くので、特に考えてませんでした。

江戸社労士　労働契約法 10 条の就業規則の不利益変更の法理の有効性を高める措置として、判例（※）は「代償措置」あるいは「不利益緩和措置」の重要性を説いている。

※：みちのく銀行事件（最判平 12・9・7）など

神田社労士　今回のような「労働者の合意」を得ていくケースでも、「代償措置」や「不利益緩和措置」が有効なのですか？

江戸社労士　今回のようなケースでは、いかに多くの社員から合意を得られるかがポイントなんだ。だから、使用者として労働者の不利益を緩和するような経過措置を実施することはとても有効だよね。

神田社労士　今回はどんな形が良いでしょうか？

江戸社労士　何も難しいことはないよ。初年度は固定残業手当として基本給から分割する手当の全額を「代償措置手当」として保証し、その後何年かかけて徐々に逓減していく形でどうだろうか？

神田社労士　その形であれば渋谷社長にも提案しやすいですし、社員にも納得

してもらいやすいですね。

江戸社労士　あと、経過措置の長さだけど、これは特に何年でとは決まっていない。ただ、労働者側に手厚ければ手厚いほど合意は得られやすいだろうね。

こうして神田社労士は、次回訪問時に、渋谷社長に「代償措置手当」について提案をし了承された。水準としては、労使の代表者との協議の結果、初年度は満額保証、次年度は75％、３年目には50％、４年目には25％、５年目以上には全額が固定残業手当となる形で決まった。

時は移り、さらに次の定例訪問日。舞台は、株式会社渋谷システムズの社長室。

渋谷社長　あとは、全社員から同意を得れば終わりですよね。来週の全社員会議の時に私から全社員に説明して、その場で同意書を取りますよ。

神田社労士　いえ、社長。この問題はそんなに簡単ではありません。

渋谷社長　えっ!?

神田社労士　「労働者の合意」について、多くの裁判例（※）では、労働者が使用者に対して弱い立場に置かれやすいこと等を考慮し、真に自由意思で「腹落ち」して納得していたかを重視しているんです。

※：山梨県民信用組合事件（最判平28・2・19）など

渋谷社長　「腹落ち」ですか…。

神田社労士　裁判例の中には、労働者の同意書を得ていたものの、変更により生ずる具体的な不利益の内容や程度についての情報提供や説明が不十分であったとして、「労働者の合意」自体が否定されたケースがあります。

渋谷社長　書面を得ていたのに!?

神田社労士　はい。特に、労働条件の変更が賃金や退職金に関するものである場合について、そうした情報提供や説明が重要であると判断される傾向があります。今回は、固定残業手当を基本給から分割するという「重要な労働条件の変更」ですから、この点は細心の注意を払って進めていかなくてはならないと思います。

渋谷社長　危なかったですね。事前にご相談して良かったです。
神田社労士　社員の皆さんへの説明資料は私が作成し、御社で開催される説明会でも私から制度移行について詳しく説明させていただきます。もちろん、上司の江戸のアドバイスも受けるので安心してくださいね。
渋谷社長　おお、心強い！

こうして株式会社渋谷システムズの今回の給与制度変更については、上司の江戸桃太郎のアドバイスを得ながら、神田社労士が説明資料を作成することになった。加えて、制度説明会に臨むに当たり、制度対象の全社員に、事前にこの説明資料を配布し、精読する時間を取ったのである。

そして、同社では、臨時の全社員会議を開催し、その場で神田社労士が説明資料について詳しく説明した。新旧制度の対比だけではなく、新制度移行による基本給部分と時間単価がどのように減額になるかという「言いにくい点」も隠すことなく提示したのである。加えて､足掛け５年に渡る代償措置の内容と、その間どのように基本給部分と時間単価が低減していくのかという説明にも時間をかけた。もちろん、労働条件通知書に明示された時間数分以上の割増賃金については、法律どおり別途支給されることも忘れず伝えた。

これ以外にも、渋谷社長からのメッセージや労働者側からの質問がいくつかあるなどしたため、説明会の開催時間は２時間近くとなった。なお、労働者側には、熟考の時間が必要であるので、同意書の提出には１カ月の猶予を与えることとした。

その後、説明会当日にどうしても参加できなかった社員への追加説明会を開催したり、メールや電話での質疑応答なども、神田社労士が上司であり師匠でもある江戸社労士のアドバイスを受けながら対応したのである。

そして、１カ月後、渋谷社長と神田社労士が二人三脚で真摯に取り組んだことで、無事に制度対象の全社員から同意書を得ることができたのであった。

賃金制度変更の同意書

株式会社渋谷システムズ
代表取締役　渋谷　幸一　殿

○年○月○日

住所：
氏名：　　　　　　　　　　　　　㊞

1．私は、株式会社渋谷システムズ 大会議室において、○年○月○日 ○時○分から○時○分に開催された、「固定残業手当分割に伴う賃金制度変更に関する説明会」において、私が勤務する株式会社渋谷システムズの「給与規程」が、○年○月○日付で、添付別紙のとおりに改定される改定案の説明を受けました。

2．今回の改定により、私に支払われる基本給月額○○円から、○○円を「固定残業手当」として分割し、時間外労働手当に充当されることを理解し、同意します。

3．前項の制度変更に対する不利益緩和措置として、「固定残業手当」として分割される金額について、○年○月○日から1年間（初年度）は100%、次の1年間（次年度）は75%、次の1年間（3年目）は50%、次の1年間（4年目）は25%を、「代償措置手当」として支給されることを理解し、同意します。

4．第二項の「固定残業手当」が、実際の労働時間に基づいて労働基準法等にしたがって計算した時間外労働手当の金額を下回る場合には、その差額は別途時間外労働手当として会社から支払を受けることができることについて、理解し、同意します。

また、賃金制度改定について全社員から同意を得られたことで、就業規則の条文を以下のとおり改定し、労働条件通知書についても以下のとおり発行することができた。

（固定残業手当）
第○条　固定残業手当は、時間外労働手当として支給するものとする。
2　固定残業手当の金額及び時間数は、個別の労働契約にて社員ごとに定めるものとする。ただし、当該時間数は、就業規則（本則）で規定する時間外労働等に関する労使協定（36協定）の1カ月あたりの時間外労働時間数の原則的な上限時間数又は15時間のいずれか少ない時間数を超えて設定してはいけない。
3　社員各人について、実際に計算した各賃金支払い期における時間外労働時間数が、前項の時間数を超過する場合については、当該超過額を支給する。

労働条件通知書　記載例（賃金）
1　基本賃金 ㋑ 月給（291,040円）、ロ　日給（　　　　　円） （中略）
2　諸手当の額又は計算方法 ㋑（代償措置手当：34,107円　／計算方法：初年度は34,107円の満額、次年度は75％の25,581円、3年目は50％の17,054円、4年目は25％の8,527円を支給し、5年目以降から不支給となる） ㋺（固定残業手当：0円（時間外労働手当として支給）／計算方法：初年度は不支給、次年度は8,527円、3年目は17,054円、4年目は25,581円を支給し、5年目以降から34,107円が支給される） （中略）

こうして、株式会社渋谷システムズの固定残業手当騒動は無事に終結したのである。

11. 整理解雇　労働組合対応（団体交渉）

～整理解雇に対して、合同労組から待ったの声が!!

株式会社大正学院は、学習塾を経営している会社であり、従業員は、正社員が10名、アルバイトの塾講師が複数名在籍している。人口減少に歯止めがかからず、最近は市場も縮小に転じているところ、大正学院も、同業他社との生徒獲得競争に巻き込まれていた。ここ数年、大正学院の経営努力にもかかわらず、進学実績や教育方法など独自の付加価値をアップさせることもできず、年々塾生は減少し、今期で３期連続の赤字状態が続いていた。

そこで、正社員10名のうち、職務能力の低い３名（梅田一郎、難波二郎、堺三郎）を会議室に呼び出し、会社の経営が苦しいから、退職して欲しいことを伝えたところ、３名とも「持ち帰って検討します」とだけ答えて、その日の面談は終了した。

すると、合同労組三軒家から「組合加入通知書」と「団体交渉要求書」という文書が会社に届いたため、大正学院の北村誠社長は、慌てて、大川弁護士のいるけいま法律事務所に駆け込んだ。

【1月29日　けいま法律事務所の会議室にて打合せ】

北村社長　大川先生、大変です。今朝、「合同労働組合三軒家」という労働組合から、「組合加入通知書」と「団体交渉要求書」という文書が会社に届きました。

私が、退職して欲しいと伝えたのがまずかったのか、弊社の梅田、難波、堺が「合同労組三軒家」に加入して、団体交渉することを要求しています。

大川弁護士　分かりました。まずは、「組合加入通知書」と「団体交渉要求書」

を拝見しますね。

株式会社大正学院
代表取締役　北村　誠　殿

○年１月２８日

合同労働組合三軒家
執行委員長　○○　○○
担当執行員　○○　○○

団体交渉要求書

合同労働組合三軒家は、株式会社大正学院に対し、以下のとおり団体交渉を要求する。

記

１．日時
○年１月３１日午後６時００分～
２．場所
当労働組合事務所内会議室
３．協議事項
① 整理解雇の撤回について
② 労働協約について
③ 会社が労働組合法第７条の「不当労働行為」を行わないこと
④ その他
４．団体交渉出席者
貴社社長は必ず出席すること

大川弁護士が「団体交渉要求書」を確認している間も、北村社長は明らかに動揺した様子で、大川弁護士に質問した。

北村社長　そもそも、この「合同労働組合」とは一体何者なのですか？　弊社には労働組合はありませんのに、この「合同労組三軒家」が労働組合を名乗れるのでしょうか？

大川弁護士　北村社長の考えている労働組合は、いわゆる「企業別労働組合」のことです。

日本の大半の労働組合は、特定の企業や事業所に働く労働者を職種の区別なく組織した「企業別労働組合」です。「企業別労働組合」では、終身雇用制など比較的身分の安定した正社員だけで構成されていることが多く、その組合員も帰属意識が強く、労使協調路線をとる労働組合が比較的多いと思われます。

これに対して、「合同労組」は、「ユニオン」などと呼ばれることもありますが、主に一定地域の中小企業の労働者や非正規社員を企業・産業のかかわりなく合同して組織化された労働組合です。「企業別労働組合」に加入できない非正規社員やそもそも労働組合のない中小企業の労働者が加入するのであり、この「合同労組」も労働組合の一種です。

北村社長は、納得がいかないまま質問を続けた。

北村社長　そうなんですか。でも、こちらの都合も考えずに一方的に団体交渉を要求してきますが、これは応じなければならないのですか？

大川弁護士　団体交渉は応じざるを得ませんね。会社は団体交渉応諾義務、誠実交渉義務を負担しており、労働組合法７条２号は、正当な理由なしに団体交渉を拒否することを「不当労働行為」として禁止しています。

万一、会社が団体交渉を拒否すると、労働組合から、労働委員会に対する救済申立（労働組合法 27 条）や損害賠償請求を受けますよ。

北村社長　それは困ります…。整理解雇はあきらめないといけないのですか？

大川弁護士　そういうことではありません。

会社は、労働組合と誠実に交渉することが要求されているに過ぎません。妥協義務、譲歩義務までは要求されていないのです。

労働組合と誠実に交渉した結果、会社と労働組合が歩み寄ることができず、労働協約の締結に至らなくてもそれはやむを得ないことであり、会社が責任を問われることはないのです。会社は、労働組合と誠実に交渉する一方、労働組合に対し、堂々と主張していけばよいのです。

北村社長は、少し安心した表情に変わり、団体交渉に当たって、どのような準備をしていけばよいか尋ねた。

大川弁護士　団体交渉要求書の日時を見ますと、「○年1月31日午後6時00分〜」と記載されていますが、1週間もありません。

この短期間で団体交渉の準備を行うのは大変です。御社から色々と会社の事情、整理解雇の候補者として梅田さん、難波さん、堺さんを選んだ理由、経緯等をお聞きしないといけませんし、団体交渉における問答を想定するために打合せを重ねなければなりません。

そこで、まずは、「合同労組三軒家」宛に時間猶予の書面を送付しましょう。会社と当事務所の準備期間がどの程度かかるか、現時点では分かりませんので、これからを考慮して、「慎重に検討したいので、しばらくご猶予ください」と記載して、猶予期限等を明示しない方が無難でしょう。

その間、当事務所と会社は、事実関係や証拠資料の整理のほか、「合同労組三軒家」の情報収集を行います。「合同労組三軒家」のホームページがないか調べましょう。ホームページから、「合同労組三軒家」の活動状況、組合の方針、構成員、上部団体が分かるかもしれません。どのような事件を担当してきたのか、その事件に対してどのような組合活動を行ってきたか、組合及び執行委員の傾向、上部団体及びその性格等が分かれば、その組合が強硬路線か、労使協調路線かが分かり、事件の解決点を見つけるヒントになります。

この団体交渉要求書に記載されている執行委員長、執行員の名前を検索キーワードとしてネット検索してみましょう。彼らの執筆した書籍が見つかれば、その書籍の内容から、彼らの性格、傾向が分かります。

北村社長　早速、社内で取りかかっていきます!!

団体交渉の場所は、団体交渉要求書に記載されたとおり、「合同労組三軒家」の事務所内の会議室でよろしいですか？

大川弁護士　その点は慎重に考えましょう。団体交渉がエンドレスに行われる可能性がありますので、利用時間等のない、会社や労働組合の事務所内の会議室は避けた方がよいでしょう。商工会議所内の会議室など公共の会議室であれば、利用時間がありますので、労使ともに利用時間を意識して、かえって議論の整理ができやすいのではないかと思います。

その話を聞いて、北村社長は、その場で携帯電話を使い会議室の予約を指示した。打ち合わせは続く。

大川弁護士　それでは、２～３日後に再度打合せを行いましょう。次回の打合せ時には、整理解雇の可否について、詳細を伺う必要があります。御社の３期分の税務申告書、決算書、先月時点での試算表、就業規則、賃金規程、労働契約書、賃金台帳をご準備ください。また、整理解雇の候補者として梅田さん、難波さん、堺さんを選んだ理由も、職務能力にあるのでしたら、彼らの能力に問題があることを示すエピソードや証拠をご準備下さい。
その間、私は、先ほどご説明した通知書を作成送付しておきます。

【２月１日　けいま法律事務所の会議室にて打合せ】

大川弁護士　第１回の団体交渉は、２月 10 日午後６時 00 分～、○○商工会議所の会議室で行うことになりました。
本日は、整理解雇のことを中心に打合せを進めていきます。
それでは、早速、書類を確認しますね。
北村社長　よろしくお願いいたします。
大川弁護士　まず、そもそもですが、梅田さんらには、「会社の経営が苦しいから、退職して欲しい」と伝えたのですよね。解雇の通知書を渡してもいないし、現在も、梅田さんらは出勤しているのですよね。
北村社長　はい、そうです。労働組合がついたので、正式に解雇を言い渡しても良いか否かも相談したいのです。
大川弁護士　分かりました。それでは、まず、整理解雇について説明いたします。
整理解雇は、労働者の非違行為や私傷病などの労働者の責めに帰すべき事由による解雇ではなく、会社の経営上の理由による解雇です。
　裁判所は、整理解雇について４要件（要素）を考慮することで、その有効性を判断していますので、この点を詳しく説明しましょう。

　大川弁護士は、ホワイトボードに上記のように記載して、整理解雇の４要件（要素）の説明を続けた。

①　人員削減の必要性の程度
　会社の合理的運営上、人員削減の必要性が認められること
②　解雇回避努力義務の履行
　解雇を回避するための経営上の努力を尽くしていること
③　被解雇者選定の合理性
　整理解雇の対象者を恣意的ではなく、客観的・合理的な基準で選定すること
④　手続の妥当性
　会社の状況や経緯、人選基準等や解雇の時期・規模について、従業員に十分な説明をし、協議していること

大川弁護士　まず、①人員削減の必要性の程度について、御社の決算書を拝見しますと、確かに、売上高が低迷して３期連続の赤字状態で、経費の中で人件費が利益を圧迫していることからも、会社を合理的に運営するうえでは、人員削減の必要性は認められそうですね。
北村社長　はい。この業界は少子化の影響もあり、どこもかしこも本当に苦しいのです。
大川弁護士　次に、②解雇回避努力義務の履行について、詳しく説明しますね。
　整理解雇は、責任のない従業員に対して、会社が一方的に行うものなので、いきなり整理解雇を行うのではなく、まずは解雇を回避する努力をどこまで尽くしたのかが大きなポイントとなります。解雇回避努力の具体策としては、コスト削減、会社資産の売却、役員報酬減額、採用活動の停止、残業抑制、昇給

停止、賃金カット、賞与の減額または不支給、一時帰休、希望退職者の募集等が挙げられます。これらの対策を尽くしていないと、整理解雇は無効となる可能性が極めて高くなります。

北村社長　そうなんですね。採算性の低い教室は、何教室か閉鎖しましたが、それ以外は、検討すらしていなかったですね。やる気のある社員のモチベーションを下げたくなかったので、全体的な賃金カットや賞与の減額は避けてしまいました。能力の低い社員だけ退職してもらって、骨太の経営を実現したかったこともあります。

大川弁護士　そうすると、本件でも、経営上の必要性はあるかもしれませんが、人件費削減を先行する結果、整理解雇に踏み切ることは、整理解雇の４要件（要素）の「解雇回避努力義務」を否定されることとなり、解雇権濫用となる可能性が極めて高いといえます。

大川弁護士は、厳しい表情のまま説明を続ける。

大川弁護士　さらに、③被解雇者選定の合理性についても、問題があります。

被解雇者の選定基準、具体的人選が合理的かつ客観的でなければなりません。労働組合に加入している者だけを対象とした「合理性を欠く選定」を行ったり、社長の好みだけで被解雇者を選定した「客観性を欠く選定」を行ったりすると、整理解雇が解雇権の濫用として無効となるリスクがあります。

北村社長　いえいえ、労働組合の加入は関係ないし、私の好みだけで選定したわけでもありません。彼ら３名は本当に能力が低いのです。

大川弁護士　お気持ちは理解できるのですが、ご持参いただいた資料を拝見しても、梅田さんらの能力が低いことを証明することは難しいですね。そうすると、③被解雇者選定の合理性の観点からも、整理解雇が無効となる可能性が高いと言えます。

北村社長　それは残念です…。やはり、整理解雇を言い渡さない方がよさそうですね。

大川弁護士　はい。現時点では、その方が無難でしょう。

整理解雇が有効・無効の問題もありますが、合同労組に加入した直後に整理解雇を言い渡すと、「労働組合に加入したことの故をもって労働者を解雇した」ものとして、労働組合法７条１号で禁じられた不当労働行為（不利益取扱い）に該当するリスクもあります。

少なくとも、合同労組三軒家が、組合嫌悪、組合弾圧などと反発して、団体交渉が紛糾することは必至です。

北村社長　それは困りますね。それでは、どうしたらよろしいのでしょうか？

大川弁護士　ここは、正々堂々と団体交渉の場で、会社の主張を伝えましょう。団体交渉は、あくまで労使間の「交渉」であり、裁判と異なり、法律の解釈や証拠関係だけで結論が決まるわけではありません。梅田さんら３名の職務能力が低いこと、会社の経営が苦しいから退職して欲しいことなどを丁寧に説明して、組合側に理解を求めるべきです。

このような会社の姿勢によって、最後の要件（要素）である④手続の妥当性、すなわち、従業員に十分な説明をし、協議していると評価されて、整理解雇が有効になる可能性が高まることもあります。

北村社長　分かりました。何とか、がんばってみます。

このような打合せが３時間ほど続き、会社の方針が定まった。

いよいよ、第１回団体交渉の当日を迎えるのである。

【２月 10 日　○○商工会議所の会議室にて第１回団体交渉開催】

北村社長　いよいよ始まりますね。初めてのことなので、昨日の晩も緊張して眠れていません。団体交渉で気をつけなければいけないことを、もう一度ご説明いただけますか？

大川弁護士　おさらいしますと、最も大事なことは、会社には誠実交渉義務がありますが、妥協義務、譲歩義務までありません。厳しい質問も予想されますが、このことを念頭に置いて、会社の方針、結論がぶれないように心がけてください。動揺して、曖昧な返事・態度を取ってしまうと、その隙を突かれます。

労働組合側は、要求を拒否すると、よく「不誠実な回答だ」「不誠実団交だ」と非難しますが、「要求の拒否」と「不当労働行為の１つである不誠実な団体交渉」とは、イコールではありません。要求を拒否する理由を説明しないことは「不誠実な団体交渉」になり得ますが、要求を拒否することそれ自体が直ちに「不誠実な団体交渉」とはなりません。

北村社長　なるほど。労働組合側の非難に揺さぶられず、会社の実情や選定過程を伝えることが大事なのですね。

大川弁護士　はい。労働組合側の質問に対して、一呼吸間を空けて回答するように心がけることです。場の空気に流されて、熟慮せず即答してしまうと、会社の方針と矛盾する回答になりかねません。その場で答えにくいこと、慎重に検討して回答したいことなどは、「持ち帰って検討する」と回答してもかまいません。

北村社長「先生と相談して回答します」と答えてもよいのですか？

大川弁護士　はい。大丈夫です。あと、質疑応答一般に通じる留意点にはなりますが、一問一答を心がけて、労働組合側が聞いてもいない話をベラベラ話す必要はありません。また、趣旨不明瞭な質問、重複した質問、その他不誠実な態様での質問に答える必要はありません。交渉が、感情的、威圧的になり、暴言が飛び交うことがあれば、暴言等は控えるように警告し、それでも議場が混乱したままであれば、団体交渉を中断してもよいのです。

北村社長　分かりました。こちらも感情的にならずに、冷静に対応しなければなりませんね。

大川弁護士　そのとおりです。最後に、社長はそのような発言はしないでしょうが、「労働組合に加入したから要求には応じられない」「労働組合から脱退すれば要求に応じる」など、労働組合の加入等を条件にした発言はタブーです。不当労働行為に該当します。

北村社長　分かりました。労働組合かどうかは関係なく、会社の経営が苦しいだけですので、そのような発言はしないと思います。

「トントントン」とノックの音が響いた。

　梅田、難波、堺とともに、見慣れない顔の男性が３名入室してきた。

　合同労組三軒家の交渉担当者である。会社側を睨み付けながら席に座り、今後の団体交渉が厳しいものになることが予想された。

冒頭では、会社側、労働組合側の自己紹介が簡単に行われ、早速、労働組合側の交渉担当者が、要求書を読み上げるとともに、口頭でその趣旨説明、補足説明が行われた。その中で、梅田、難波、堺が屈辱を受けたことや、家族を養っていかなければならず、整理解雇があまりにも酷であることなどが訴えられた。「社長は、梅田らの今後の生活のことをどのように考えているのか」などと北村社長に質問をぶつけられることもあり、そのたびに北村社長の表情がゆがんでいた。

会社側の回答は、大川弁護士が行った。「会社の経営が苦しいから退職して欲しい」「梅田さん、難波さん、堺さんを選んだ理由は職務能力の低いことで他意はない」などを、時間をかけて丁寧に説明した。労働組合側から「不誠実だ」「発言を撤回しろ」などの挑発やヤジも飛び交ったが、大川弁護士は、冷静かつ淡々と、それでいて堂々とした様子で、「会社の合理的運営上、人員削減が必要である」「解雇を回避するために様々な経営上の努力を行ってきた」「梅田さんらを選んだのは、恣意ではなく、客観的・合理的な基準によるものだ」などと回答した。

北村社長としても、頼もしい限りであり、専門家に団体交渉を同席してもらって正解であったと実感するのであった。

このような質問の応酬が続き、1時間半が過ぎたあたりで、次回の団体交渉までに双方の検討事項が整理されるとともに、第2回団体交渉の日時が2月24日に調整され、この日の団体交渉は終了した。

団体交渉終了後、大川弁護士と北村社長の2人で、簡単なミーティングが行われた。

大川弁護士　お疲れ様でした。初めての団体交渉はいかがでしたか。

北村社長　はい。本当に疲れました。へとへとです…。

先生は、本当に冷静ですね。あんなに挑発やヤジがあったのに…。

大川弁護士　ありがとうございます。団体交渉は何度も経験していますので…。

北村社長　ところで、先ほど、交渉担当者から、「会社の経営が苦しい、というのであれば、3期分の決算書を開示せよ」と要求されて、次回の団体交渉までに回答しなければなりませんが、会社の内部資料は開示しないと駄目ですか？　なぜ、会社が、そこまでする必要があるのですか？

大川弁護士　労働組合法7条2号は、使用者が団体交渉をすることを正当な理由がなくて拒むことを不当労働行為として禁止していますが、使用者が労働者の団体交渉権を尊重して誠意をもって団体交渉に当たったとは認められないような場合も、この規定により団体交渉の拒否として不当労働行為となるとされています。

使用者である会社には、誠実に団体交渉にあたる義務があることは以前もご説明しましたね。

北村社長　はい。その点は大丈夫です。

大川弁護士　そのため、会社は、自己の主張を相手方が理解し、納得することを目指して、誠意をもって団体交渉に当たらなければなりません。

労働組合の要求や主張に対する回答や自己の主張の根拠を具体的に説明したり、必要な資料を提示するなどし、また、結局において労働組合の要求に対し譲歩することができないとしても、その論拠を示して反論するなどの努力をすべき義務があるのです。合意を求める労働組合の努力に対しては、誠実な対応を通じて合意達成の可能性を模索する義務があります。このことは、過去の裁判例（※）でも判示されています。

※カール・ツアイス事件（東京地判平元・9・22）

北村社長　なるほど、必要な資料を提示しなければならないのでしたら、やはり決算書を開示しなければならないのですか？

正直、会社が丸裸にされるようですし、社外の合同労組三軒家に開示することには抵抗があります。

大川弁護士　それならば、決算書それ自体を開示するのではなく、売上高、営業利益、経常利益などを転記した表を作成して、その表を開示してはいかがでしょうか。万一、社外に流出しても問題ないように、その表には会社名を記載しないようにしましょう。

北村社長　それはいいですね。次回の団体交渉までに準備しておきます。

大正学院と合同労組三軒家は、5度にわたる団体交渉を行った。第2回団体交渉は2月24日、第3回団体交渉は3月18日、第4回団体交渉は4月9日、

第５回団体交渉は４月 27 日と、２～３週間に１回のペースで団体交渉が開催された。

その努力の甲斐もあって、ついに次回、５月 15 日に開催される予定の第６回団体交渉で労働協約が成立する見通しとなった。第５回団体交渉では、梅田、難波、堺が退職すること、その代わりに大正学院が一人当たり給料３カ月分の約 100 万円を解決金として支払うことまで、ほぼ合意に達した。

６度目の団体交渉に向けて、北村社長は、大川弁護士と労働協約書の作成に関する打合せを行った。

【５月８日　けいま法律事務所の会議室にて打合せ】

北村社長　これで、ようやく解決ですね。これまでありがとうございました。
大川弁護士　いえいえ、これからが正念場ですよ。協定書の締結という形で労働協約が成立するまでは、まだまだ油断できません。

労働協約とは、労使間で行われた団体交渉の成果について書面をもって締結される協約ですが、書面化しないとその効力が発生しません。労働組合法 14 条も、「労働組合と使用者又はその団体との間の労働条件その他に関する労働協約は、書面に作成し、両当事者が署名し、又は記名押印することによってその効力を生ずる」と定めており、書面化を要求しています。労働協約が成立することにより、その労働協約に定められたルールが、会社と個々の組合員との労働契約のルールとなり（規範的効力、労働組合法 16 条）、しかも、就業規則に優先するルールとなるのです（労働基準法 92 条１項、労働契約法 13 条）。
北村社長　労働協約書を交わして、万一、他の従業員が労働協約書を見たら、他の従業員もお金を要求してくるかもしれません。できれば、書面にはしたくないのですが…。
大川弁護士　それはいけません。労働組合と一定の合意に達しておきながら、合理的な理由もなく協約書の作成を拒んでいると、不当労働行為になり、労働組合から、労働委員会に対する救済申立（労働組合法 27 条）や損害賠償請求を受けますよ。

ご心配であれば、守秘義務条項（139 ページ協約書の第４条）も盛り込んでおきましょう。

北村社長　分かりました。仕方がないですね。

大川弁護士　労働協約書の文案はすでに準備しています。何点か補足説明しますね。

まず、本件のような退職について、労働組合が個々の組合員の意思に反して勝手に決定することはできません。これらのことを労働協約に定めるためには個々の組合員からの個別の授権が必要となります。後日、組合員から、「あれは組合が勝手に協定したもので、自分は承諾していないから無効だ」などと言われないように、労働協約を締結するに当たっては、会社、組合、組合員個人の３者の署名、捺印を備えるようにしましょう。

次に、今回の労働協約で梅田さんらが二度と金銭要求できないようにしなければなりません。清算条項（次ページ協定書の第５条）を定めることにより、会社と組合、組合員間が後日、名目如何を問わず請求しないことを定めるのです。

北村社長　何から何までありがとうございます。私も肩の荷が下りた気分です。

○年５月15日に開催された第６回団体交渉において、この協定書が調印され、無事労働協約が成立することとなった。

協約書

株式会社大正学院を甲、合同労働組合三軒家を乙、梅田、難波、堺を丙と総称し、甲と乙及び丙は、甲と丙の雇用契約に関する紛争（以下、「本件紛争」という。）について、本日、以下のとおり合意した（以下、「本協約書」という。）。

第１条（雇用契約の終了）

甲、乙及び丙は、甲乙間の雇用契約が○年５月１５日（以下、「退職日」という。）付けで契約期間満了により終了し、同日、丙が甲を退職したことを確認する。

第２条（解決金）

甲は、乙に対し、本件紛争の解決金として金３００万円を、○年５月３１日限り、乙の指定する○○銀行○○支店の「○○」名義の普通預金口座（口座番号○○○○○○○）に振り込む方法で支払う。なお、振込手数料は甲の負担とする。

第３条（誠実義務）

１　乙及び丙は、甲の営業活動に不利益となる言動を行わないように注意する。

２　甲は、丙の再就職活動に不利益となる言動を行わないように注意する。

第４条（守秘義務事項）

甲、乙及び丙は、本協定書の存在及びその内容を一切開示又は漏洩しないことを誓約する。

第５条（清算条項）

甲、乙及び丙は、甲（甲の役員、従業員、株主を含む、以下同じ）乙間、甲丙間において、何らの債権債務が存在しないことを相互に確認する。

以上の合意が成立したので、これを証するため、本協約書を３通作成し、甲、乙及び丙がそれぞれ署名捺印のうえ、各自が１通ずつ所持することとする。

○年５月１５日

（甲）　株式会社大正学院
代表取締役　北村　誠　㊞
（乙）　合同労働組合三軒家
執行委員長　○○　○○　㊞
（丙）　梅田　一郎　㊞
難波　二郎　㊞
堺　　三郎　㊞

12. バイトテロ　事前法務

～究極のバイトテロ対策!?　4つの予防策を今日も事前法務の鬼が吼える

あるウィークデイの午後、社労士法人大江戸セントラル事務所の代表社員である江戸桃太郎は、同法人の顧問先企業である株式会社シナガワ・インターナショナル（社員数13,500名（うちパート・アルバイトが12,000名））を訪問している。同社は、東証第一部に上場している、国内に約400店舗を有する国内有数のハンバーガーチェーンである「グランバーガー」の運営会社である。

かねてから、全国で続発している「バイトテロ」への事前法務的な対応策立案について江戸社労士に依頼があり、この日は社長の品川陽子と人事担当常務取締役の高輪和男にその方策についてプレゼンを行う日なのであった。

江戸社労士　SNSをめぐる労務トラブルの予防策のポイントは、この4つになります。

① 就業規則とガイドライン
② 社内教育
③ 誓約書
④ チェック体制の整備

江戸社労士は、パソコンを操作して社長室のスクリーンにこれらを映し出した。

江戸社労士　まず、１つ目のポイントの「就業規則とガイドライン」は、就業規則の服務規律の規定を整備し、加えて、ガイドラインを策定することで、SNSの私的利用に関するより細かいルールを社員に分かりやすく示すことになります。

品川社長　先生、就業規則については、昨年先生の事務所と顧問契約を締結させていただく際に、担当の神田先生のご支援でいいものに改定させていただいたと思うのですが。

江戸社労士　はい、そのとおりです。現行の就業規則は、服務規律の「職務専念義務」、「秘密保持義務」、「信用維持義務」といった関係する規定は抜かりないものができています。

加えて、「パソコンの適正利用」「電子メール・インターネットの適正利用」「ソーシャルメディアの適正利用」という公的私的を問わずSNS利用に対応した服務規律の規定も、独立条文化されていてより分かりやすいと思います。

高輪常務　では、就業規則に関してはこれで万全でしょうか？

江戸社労士　一点だけ。ここ数年の「バイトテロ」「バカッター騒動」を鑑み、できたらこのような「私物端末の持ち込み禁止」の規定を新たに設けておいた方がベターかと思います。いかがでしょう？

> （私物端末の持ち込み禁止）
> 第○条　社員は、会社の許可がない限り、会社が指定する職場に、社員が所有するパソコン、スマートフォン、携帯電話、タブレットなどの端末（以下、「端末」という）を持ち込んではならない。
> ２　社員は、会社の業務時間中（休憩時間を除く）は、自身の端末を会社が指定する保管場所に保管することとする。

品川社長　高輪さん、ぜひこれはやりましょうよ。

高輪常務　はい、社長。店舗については、バックヤードに従業員ロッカーがありますから、業務時間中はスマホなどはそこに入れされて、職場に持ち込ませないように徹底させましょう。

問題は、本社勤務の社員たちですが、これはスマホなどを保管しておく小さなロッカーを設置すれば解決しそうですね。

江戸社労士　次にガイドラインですが、御社は学生を中心とした若年層のパート・アルバイトが社員の大部分ですので、堅苦しくなく分かりやすいガイドラインをこのようにつくってみました。

SNSの私的利用に関するガイドライン

このガイドラインは、当社の社員の方々が、プライベートでSNSを利用する際に注意していただきたい事柄についてまとめたものです。

近時、SNSを通じた秘密情報漏えいや、「バイトテロ」「バカッター騒動」に代表される自らの犯罪その他の反社会的行動を世間に曝け出す行為が社会問題となっております。万が一、当社でそのような事態が生じた場合には、会社に多大な損害が生じます。そのような事態にならないためにも、当社は、全社員に対して、入社時及び1年に1回のSNSの私的利用に関する研修を実施します。社員の皆さんも、SNSを私的に利用する場合には、会社が実施する研修を受講するとともに、このガイドラインを熟読してください。

なお、SNSを業務上使用する場合には、「SNS公式アカウントに関するガイドライン」をご確認ください。

1．位置づけ

プライベートでのSNSの利用は、秘密保持義務違反や名誉毀損、信用失墜行為など、法令や就業規則などでの禁止事項に該当しない限り、皆さんの自由です。会社が何かを制約したり、禁止したりすることはありません。

2．このガイドラインの適用

このガイドラインは、正社員、契約社員、パート社員など当社と労働契約を結ぶ者、及び派遣社員など当社で就業する者（以下、まとめて「社員」という）が、プライベートでSNSを利用する場合に適用します。

3．SNSの定義

SNS（ソーシャル・ネットワーキング・サービス）とは、インターネットを介して利用者が情報を発信し、交友関係を形成していくWebサービスのことをいいます。

たとえば、ブログ、Facebook、Twitter、Instagram、LINE、YouTubeなどや、5ch.に代表されるネット掲示板、Q&Aサイト、レビューサイトなども、このガイドラインの対象のSNSです。

4．SNSの特徴と危険性

- **不特定多数の人が利用しています**

  SNSは、手軽かつ即時に情報発信ができますが、あなたの投稿は全世界の人が見ることができます。

- **相手が信用できる人とは限りません**

  偽名やニックネームによるアカウント登録や、「なりすまし」もあります。善人も悪人もいる玉石混交のコミュニケーションの場です。

- **自分とは違った考えがたくさん存在します**

  リアルなコミュニケーションと同様、誤解や嫉妬、嫌がらせなどのトラブルがあります。

- **広範囲に拡散します**

  リツイートやシェア、リポスト、リブログといった形で、１つの投稿がどんどんコピーされて拡散されていきます。

- **半永久的に残ります**

  一度投稿した内容が拡散されてしまうと、「魚拓」と呼ばれるようなアーカイブ記録が残るなど、完全に削除することは不可能で、半永久的にインターネット上に残り続けます。

- **匿名でも個人が特定できます**

  他の投稿内容や写真、その他のインターネット上の情報を組み合わせて、実名やプライバシーの暴露に繋がるケースが後を絶ちません。

- **限定投稿でも外部に情報が流出します**

  友達限定の投稿であっても、「スクリーンショット」などを通じて、投稿内容が外部に流出してしまう恐れがあります。

5．SNSを私的利用する際の注意点

• **秘密保持義務を守ること**

営業秘密、顧客・取引先の情報、従業員の個人情報・プライバシーなどの「秘密情報」を、SNSで投稿したり掲載してはいけません。

たとえば、芸能人などの有名人であっても、勝手に写真を撮影してSNSに投稿してはいけません。

また、在職中はもとより、退職後であっても会社の評判サイトに、会社の内情について投稿することは、秘密保持義務違反になります。

• **業務時間中及び会社の端末からの利用をしないこと**

会社の業務時間中（休憩時間は除き、時間外労働・休日労働の時間も含みます）の私的SNS利用はしてはいけません。また、業務時間外であっても、会社のパソコン、スマートフォン、タブレット端末など会社の端末からの私的SNS利用もしてはいけません。

• **会社の信用を損なわないこと**

会社の名誉・信用を傷つけたり、品性を疑われるような投稿やコメントをしてはいけません。

たとえば、当社の食材や調理器具などを使ったイタズラ行為をSNSに投稿してはいけません。

• **あくまで私的利用の範囲にとどめること**

会社の公式の見解であると疑われるような投稿やコメントはしてはいけません。その恐れのある場合には、「ここに記載されている内容の全ては私の一個人としての意見であり、会社とは無関係です。」という免責文を入れてください。

• **他者が読んで不快と感じたり差別的な投稿はしないこと**

誹謗中傷や名誉棄損、性的内容、違法行為やモラルを逸脱した行為やそれをあおるような発言などといった、不適切な投稿やコメントをしてはいけません。また、政治・宗教・社会問題など、人によって意見や考え方が違う内容を投稿・コメントすると、いわゆる「炎上」リスクが少なくないので、慎重に考えてから投稿しましょう。

• **攻撃的な投稿をしないこと**

他者を侮辱したり、口汚く罵ったり、相手の揚げ足取りをしたり、感情を逆なでするといった攻撃的な投稿はやめましょう。

• **他者のプライバシーを大切にすること**

他者が写っている写真や他人のプライバシー情報を、本人の許可なく投稿してはいけません。

- **他者の著作権等を侵害しないこと**

著作権や肖像権など他人の権利を侵害する投稿をしてはいけません。他のサイトから写真や映像などのコンテンツをダウンロードして投稿することは、使用許可がない限りは著作権法違反になります。

また、アカウントのプロフィール写真に芸能人などの有名人の写真を使用することは、肖像権の侵害になります。

- **アカウント情報の管理に注意すること**

ユーザーIDとパスワードは、気をつけて管理をし、他者に教えないでください。

- **投稿の公開範囲や友達承認を検討すること**

公開範囲の設定の確認をし、意図しない範囲まで投稿が見ることができる状態ではないか確認してください。また、よく知らない人物からの友達申請の承認は慎重に判断してください。

- **不審なアプリやリンクに気を付けること**

アプリを利用させたり、リンクをクリックさせたりするなどして個人情報を抜き取る手口が横行しているので注意してください。

6．不適切行為への対処方針

- 会社は、本ガイドラインに違反する投稿やコメントなどについて、その削除や公開中止を命じることがあります。
- 本ガイドラインに反して、顧客や会社の秘密情報を漏えいしたり、不適切な投稿をするなどして会社の名誉を傷つけるなど、社員が就業規則に違反した場合には、懲戒処分の対象になる場合があります。
- 本ガイドラインに反する行為によって、会社が損害を被った場合には、その行為を行った社員に対して損害の賠償を求めることがあります。

7．トラブルが起きた場合には

個人での判断・対応は避け、所属長に報告の上、人事部および広報部に相談してください。

品川社長　これは良い！

高輪常務　SNSの特徴や使うことのリスク、SNSでやってはいけないことが具体例も交えて分かりやすく書いてありますね。

江戸社労士　次に、２つ目のポイントである社員教育ですが、これは入社時とその後１年ごとに１回、パート・アルバイトも含めた全社員に受講してもらいましょう。

品川社長　えっ⁉　全社員ですが？　当社は、パート・アルバイトまで含めると全400店舗以上、13,000人以上になりますが？

江戸社労士　はい。現実問題として、パート・アルバイトを多く雇用している以上、「バイトテロ」は起こりうる問題として考えていかなくてはなりません。

ですから、全社員に、それも少なくとも年に１回は必ずこの研修を受講する形にして、就業規則やガイドラインで定める会社のSNS私的利用に関するルールの徹底と注意喚起を実施しましょう。

高輪常務　しかし、彼らの勤務シフトは、ほとんど店舗の営業時間に合わせてギリギリで組まれており、研修をしている時間的な余裕がなくて…。

江戸社労士　その点は御社に思い切っていただく必要があります。

御社の雇用の現状から考えて、この研修の優先度はかなり高いものです。

したがって、私としては、研修日の営業時間を短くするか、場合によったら研修のための休業日を全店で実施するなどの思い切った時間確保策をお願いしたいところです。

品川社長　分かりました。

こうして、株式会社シナガワ・インターナショナルでは、全店・全社員が受講できるように研修日の時短営業に踏み切った。

当日の研修レジュメは、前出のガイドラインをパワーポイントに落とし込んだ内容のものを社労士法人大江戸セントラル事務所で用意した。そして、最後には20問程度の確認テストも実施し、満点を取れない社員については再受講を義務付けた。

また、講師は初回と言うことと今後の社内講師育成も兼ねて、顧問担当の神田千明社労士など江戸桃太郎の部下の勤務社労士軍団が何名かで分担をして全国行脚をした。

時短営業による営業機会損失分、受講する社員の人件費、講師料などで数億円の出費であった。しかし、同社は上場企業であり、「バイトテロ」事件で、わずか１日でその会社の時価総額が25億円以上も下落してしまったケースも他社であったことから、品川社長は江戸桃太郎のアドバイスによるこの選択に迷いがなかった。

そして、研修終了後は、全社員に「SNS等の私的利用に関する誓約書」を提出させたのである。なぜなら、江戸から、この誓約書を提出させることが予防策の３つ目の柱であり、社員の「遵守義務の再確認」となり大変有効であるとのアドバイスがあったからだ。

株式会社シナガワ・インターナショナル
代表取締役　品川　陽子　殿

SNS等の私的利用に関する誓約書

私は、SNS（ブログ、Facebook、Twitter、Instagram、YouTube、LINEなど）等、インターネットにおける情報発信を私的に利用するにあたって、以下のとおり誓約します。

記

1．私は、本誓約書はもとより、就業規則及びガイドラインその他会社の規程・業務命令等を遵守します。
2．私は、勤務時間中（休憩時間は除き、時間外労働時間や休日労働時間も含みます。以下、同じ）の職務専念義務を自覚し、勤務時間中はSNS等の私的な閲覧や、情報の書き込みや画像等の掲載（以下、「投稿」といいます）を行いません。

3．私は、勤務時間外であっても、会社のパソコン、スマートフォン、携帯電話、タブレット端末など会社から貸与されている端末からSNS等への私的な投稿を行いません。

4．私は、SNSに私的に投稿する場合には、以下の内容を投稿しません。

(1) 営業秘密、顧客・取引先の情報、従業員の個人情報・プライバシーなどの「秘密情報」の投稿

(2) 会社の公式の見解であると疑われるような投稿

(3) 会社の名誉・信用を傷つけたり、品性を疑われるような投稿

(4) 誹謗中傷や名誉棄損、性的内容など他者が読んで不快と感じる投稿

(5) 違法行為やモラルを逸脱した行為やそれをあおるような投稿

(6) 政治・宗教・社会問題など、人によって意見や考え方が違う内容についての差別的な投稿

(7) 攻撃的な投稿

(8) 他者のプライバシーを侵害する投稿

(9) 著作権・肖像権など他者の権利を侵害する投稿

(10) その他前各号に準じる不適切な内容と会社が判断する投稿

5．私は、会社が前項に該当すると判断した事項その他会社が不適切と判断した事項については、直ちに削除又は修正の手続きを行います。

6．私は、SNS私的利用に関してトラブルが発生した場合には、所属長に直ちに報告します。

7．私は、万が一、本誓約書に違反して会社に損害を生じさせた場合には、懲戒処分、損害賠償請求、刑事告発などの法的請求・追及を受けても異存ございません。

以上

○年○月○日

氏名：＿＿＿＿＿＿＿＿＿＿㊞

時は移り、江戸桃太郎は、再び株式会社シナガワ・インターナショナルを訪問した。

高輪常務　お陰様で、就業規則と私的SNS利用のガイドラインの整備、全店・全社員への研修の実施、誓約書の提出と全て無事に終えることができました。
品川社長　これもみな、江戸先生のご指導の賜物です。
江戸社労士　恐縮です。あと社長。予防策の4つ目に「チェック体制の整備」があります。御社の組織で言うと人事部と広報部が連携して、社員などによる不適切な投稿をなるべく早く見つけ出して、小火段階で消し止める体制をつくっておいてくださいね。
高輪常務　先生にアドバイスいただきましたので、早速、SNS監視業者とも契約致しました。加えて、労働分野にお強いけいま法律事務所もご紹介いただいたので、すぐに顧問契約を締結致しました。
品川社長　江戸先生と大川先生がおられれば、鬼に金棒ですよ。もうバイトテロが来ても安心ですね。
江戸社労士　確かに今の御社は、対策を何もしていない会社よりは、不適切な投稿を行った社員へ懲戒解雇などの重い懲戒処分を科すとしても、損害の程度に応じて損害賠償請求をするにしても、その有効性には有利には働くでしょうね。
品川社長　やっぱり！
江戸社労士　しかし、社員への損害賠償請求については、報償責任の原理で、制限された裁判例が少なくなく、仮に勝訴したとしても損害額の全額が認められるケースは少ないと言わざるを得ません。
品川社長　そんな…。

せっかくここまで苦労して仕組みを整え、時短営業に踏み切ってまで全ての店舗・全社員に研修を実施したのに、会社が圧勝できるわけではないのか。品川社長は、残念そうな表情を浮かべながら、江戸社労士の顔を見つめた。

江戸社労士　少し言いにくいことを言いますね。
最低賃金にへばり付いた水準で雇用することは、「バイトテロ」を引き起こす大きなリスク因子です。その証拠に、同じ接客業でも高級料理店や銀座の高級クラブでは、これまで致命的なバイトテロ問題は起こっていません。

品川社長　確かに。

江戸社労士　しかし、他社との競争からパートやアルバイトの時給を高級料理店の水準にするのは難しいでしょう。だからこそ、これまでやっていただいて来た、そしてこれからもやっていただく「事前法務」的な対応策が重要になってくるんです。

品川社長　江戸先生、これからも末永く当社をよろしくお願い致します！

こうして、事前法務の鬼・江戸桃太郎の飽くなき実務の探求は続くのであった。

著者プロフィール

社会保険労務士　堀下　和紀

1971年生まれ。堀下社会保険労務士事務所所長。慶應義塾大学商学部卒業。明治安田生命保険、エッカ石油経営情報室長を経て現職。事前法務による企業を防衛する手法を中小企業から大手企業まで提供し、14年間の社会保険労務士業務において顧問先200社超。指導した企業は1000社を超える。自らもエナジャイズコンサルティング㈱代表取締役、社会保険労務士事務所所長として職員30名超を抱え、経営者視点の課題解決法を提供する。全国の経済団体等の講演会毎年30回以上。

<著書>

『なぜあなたの会社の社員はやる気がないのか？～社員のやる気をUPさせる労務管理の基礎のキソ～』日本法令　平成21年11月20日発行

『織田社労士・羽柴社労士・徳川弁護士が教える　労働トラブル対応55の秘策』日本法令　平成24年4月20日発行

『三国志英雄が解決！問題社員ぶった切り四十八手』日本法令　平成25年4月20日発行

『労務管理は負け裁判に学べ！』労働新聞社　平成26年5月29日発行

『訴訟リスクを劇的にダウンさせる就業規則の考え方、作り方。』労働新聞社　平成26年6月22日発行

『ブラック企業ＶＳ問題社員』労働新聞社　平成28年7月4日発行

『女性活躍のための労務管理Ｑ＆Ａ１６４』労働新聞社　平成29年7月6日発行

『社労士事務所に学ぶ中小企業ができる「働き方改革」』労働新聞社　平成30年2月10日発行

『「人事・労務」の実務がまるごとわかる本』日本実業出版社　平成30年4月19日発行

『労務管理は負け裁判に学べ！２』労働新聞社　平成30年10月22日発行

住所　〒901-2123　沖縄県浦添市西洲2-2-6　組合会館２階
堀下社会保険労務士事務所
http://www.horishita.com/
TEL 098-942-5528 FAX 098-942-5529

社会保険労務士　望月　建吾

1979年生まれ。社会保険労務士法人ビルドゥミー・コンサルティング代表社員。特定社会保険労務士／残業ゼロ将軍®。静岡県立藤枝東高等学校、中央大学文学部卒業。外資系大手コンサル会社、アイエヌジー生命保険人事部を経て、2010年に上記社労士法人の前身の事務所を開業。残業ゼロの労務管理™支援実績250社以上、人事制度づくり支援実績250社以上、就業規則づくり支援実績750社以上。
ＮＨＫ「クローズアップ現代」「あさイチ」など、専門家としての全国ネットのテレビ出演多数。
＜著書＞
『会社を劇的に変える！残業をゼロにする労務管理』日本法令　平成25年5月31日発行
『労使共働で納得できるWG式就業規則づくり』経営書院　平成26年10月26日発行
『小さな会社でもできた！　残業ゼロの労務管理　Labor Management for Zero Overtime』レクシスネクシス・ジャパン　平成28年5月23日発行
『小さな会社でもできた！　働き方改革　残業ゼロの労務管理』第一法規　平成30年2月15日発行
『「人事・労務」の実務がまるごとわかる本』日本実業出版社　平成30年4月19日発行
『労務管理は負け裁判に学べ！２』労働新聞社　平成30年10月22日発行

住所　〒167-0051　東京都杉並区荻窪5-11-17　荻窪第二和光ビル２階
社会保険労務士法人ビルドゥミー・コンサルティング
https://buildme-consulting.com/
TEL　03-5347-2385　FAX　03-5347-2386

弁護士　渡邉　直貴

1977年生まれ。ブレイス法律事務所所長。大阪府立大手前高校、京都大学法学部卒業。税理士会や社会保険労務士主催セミナー等で労働トラブル対応セミナー、問題社員対策セミナー、労働組合対策セミナー等を行い、労働問題（使用者側）の専門家として日々活動している。その他、税理士登録、社会保険労務士登録、メンタルヘルス・マネジメントⅠ種の資格も有しており、労働問題以外にも、中小企業の法律問題を幅広く対応している。

＜著書＞

『織田社労士・羽柴社労士・徳川弁護士が教える　労働トラブル対応55の秘策』日本法令　平成24年4月20日発行

『三国志英雄が解決！問題社員ぶった切り四十八手』日本法令　平成25年4月20日発行

『労務管理は負け裁判に学べ！』労働新聞社　平成26年5月29日発行

『訴訟リスクを劇的にダウンさせる就業規則の考え方、作り方。』労働新聞社　平成26年6月22日発行

『ブラック企業ＶＳ問題社員』労働新聞社　平成28年7月4日発行

『女性活躍のための労務管理Ｑ＆Ａ１６４』労働新聞社　平成29年7月6日発行

『労務管理は負け裁判に学べ！２』労働新聞社　平成30年10月22日発行

住所　〒530-0047　大阪市北区西天満3-14-16　西天満パークビル３号館10階
ブレイス法律事務所
https://brace-law.com/
TEL　06-6311-1378　FAX　06-6311-1379

弁護士　浅野　英之

1985年生まれ。弁護士法人浅野総合法律事務所所長。愛知県立旭丘高校、東京大学法学部卒業、東京大学法科大学院修了。

企業側労働問題を得意とする大手事務所にて、労働問題に関する数多くの相談対応、顧問先企業の労務管理を行ってきた経験を活かし、弁護士法人浅野総合法律事務所を設立。
特に、自らも法律事務所を起業し、経営してきた経営者的視点から、成長中のベンチャー企業、中小企業の人事労務のコンサルティングを行う。
＜著書＞
『労務管理は負け裁判に学べ！２』労働新聞社　平成30年10月22日発行

住所　〒104-0061　東京都中央区銀座2丁目10番8号　マニエラ銀座ビル9階
弁護士法人浅野総合法律事務所
https://aglaw.jp/
TEL 03-6274-8370 FAX 03-6274-8371

社労士・弁護士の労働トラブル解決物語

著　　者　社会保険労務士　堀下　和紀　　社会保険労務士　望月　建吾
　　　　　弁護士　渡邉　直貴　　　　　　弁護士　浅野　英之

2019年8月　5日　　初版
2020年1月20日　　初版2刷

発 行 所　株式会社労働新聞社
〒173-0022 東京都板橋区仲町29－9
TEL：03（3956）3151　FAX：03（3956）1611
https://www.rodo.co.jp　　　　　pub@rodo.co.jp
印　　刷　アベイズム株式会社
表　　紙　稲木秀和（株式会社アイディープランニング）

ISBN978-4-89761-772-5